一流学校的建设

——陈玉琨教育讲演录

YILIU XUEXIAO DE JIANSHE

陈玉琨/著

华东师范大学出版社
EAST CHINA NORMAL UNIVERSITY PRESS

前　言

　　这几年应全国各地教育行政部门与有关学校之邀，以教育为主题作了不少讲演。承蒙厚爱，一些单位根据录音把这些讲演整理成了文字，部分已在一些书稿中发表。而讲演中的一些观点，其实早已在《人民日报》、《文汇报》、《羊城晚报》等媒体上零星地发表过，也引起了一些社会反响，比如关于学生学习过度与知识过剩、教师与家长对孩子的善意摧残、语言暴力与心理惩罚等等。对这些观点，赞成者有之，批评者也不少。

　　我本来以为，作为学者以求真为己任，只要言之有据，至于别人赞成与否是不用放在心里的。现在想想，这一观点实在有点迂腐。服务社会本来就是学者义不容辞的责任。作为教育理论工作者，在揭示教育规律的基础上，指出存在于教育活动中的非科学的做法，目的并不是自娱，而是为了更好地服务教育改革。因而，力求使更多的人能接受经过科学论证的观点，逐步地改善我们的教育，应成为教育理论工作者的自觉追求。由此，当华东师范大学出版社邀请我将这些年来在各地的讲演整理出版时，我感到十分高兴。因为，我自以为又多了一条宣传真理的途径。

当然，教育是一种复杂的社会现象。我自以为是地认定的真理，未必经得起实践的检验。对本讲演录中各种不当的观点，非常希望得到广大同仁与教育实践工作者的指正。

此外，由于这些讲演是在不同时间、不同地点进行的，雷同的材料与观点出现在不同的篇章中在所难免，尽管在整理这些文字时，在不影响整体框架的情况下，本人已作了一些技术处理。对此，恳请读者谅解。

陈玉琨

教育部中学校长培训中心

2008 年 7 月

目 录
CONTENTS

　　把学生终身学习的意识、学会学习的能力、
探究精神、责任心以及适应社会和创造社会的能力
放在基础教育最重要的位置上，把它们确定为学生
终身发展的基础，从而也把它们确定为基础教育真
正的基础。

　　知识固然是其他各方面发展的基础，但是，
它毕竟只是一个基础，知识的积累并不意味其他方
面必然的提高。即使我们承认，知识是人的理性之
源，为善之本，然而，这个源并不必然成为流，这
个本也不必然成为树。

　　教育是一种以促进社会的发展和人的发展为
目的的活动，离开了这一目的，任何教育都是盲目
的，无的放矢的；离开了这一目的，学校教育的价
值也是令人怀疑的。

　　作为现代社会中的学习型组织，它至少有三
个特征：其一，以强烈的危机意识作为学习的动
机；其二，以问题解决作为学习的根本；其三，以
组织的变革和手段的创新作为学习的目标。研究表
明，在上述三个方面，大多数学校都是存在一定差
距的。

　　从认知的角度来说，刺激转化为学生的反应，
依赖于学生对刺激本身的好奇、新鲜感和认知的冲
动。在这个意义上说，要结合学生对刺激的认识，
教师才有可能作出预期的反应和行为。所以不管文
科还是理科，在内容选择和表述的时候要强调内容
的"三味"——口味、美味、鲜味。

　　"让学校做得更好"就是要让学校更有朝气，
让师生更添智慧，让学校更具美感，让教育更富创
造，让员工更加和谐。

　　成功的美育，成功的德育，是学校有意识组

织的活动，学生是在无意识中接受的教育。让学生在无意识当中接受有意识教育，这是最成功教育的艺术所在。

无论是职前培养，还是在职培训，都应当在教育实践中进行，与学校日常生活联系在一起，与身边的教学、与生动活泼的学生的变化联系在一起。

中小学校长的专业能力最为重要的，也是最为基本的，是其指导学校课程编制与课堂教学的能力，这是中小学校长专业能力中为其他行业管理者所不可替代的能力。

把创造作为自己的追求，不断充实自己的精神生活，这样的人生才是幸福的人生，有滋有味的人生；这样的生活才是幸福的生活，有滋有味的生活。

个体在追求最优的过程中，对他最有激励作用的是相对的最优。借助各种行政手段，积极地引导冲突双方追求相对最优并在这一过程中使他们的相对利益达到平衡，就有可能把破坏性的冲突转化为积极的竞争。

学校除了承诺"坚决贯彻国家教育方针"、"全面实施素质教育"、"依照国家教育法规与政策办学"和"不断提高教育质量"以外，它还能作出什么承诺？它能承诺学生一定掌握多少知识，还是能承诺学生思维一定达到什么水平？如果学生达不到承诺的标准，学校能够"包赔"、"包换"还是"包退"？显然，没有一所学校能达到这一要求。

附 录

基础教育再认识

2002 年 9 月在由教育部中学校长培训中心与《文汇报》
联合举办的"全国百名名校长论坛"上的讲演

　　教育已经成为社会的一大热点问题。教育在社会上从来没有像今天这样受到人们的重视，然而，也从来没有像今天这样受到那么多人的责难。无论人们是重视它，还是批评它，都是因为它关乎国家与民族的发展，关乎每家每户乃至每个人的切身利益。谁都不能否认：教育在推动社会的发展和提升人的素质方面已经并且还将起到重要作用。无论从世界范围来看，还是从中国社会的发展来看，没有教育就不会有社会的今天，没有现代教育就不会有现代文明。尽管如此，却很少有人对当今教育真正感到满意。身在教育之外的人不满意教育，身在教育之中的人更不满意教育。

教育是永恒的社会现象，只要有人类就有教育。同样，只要有教育就有需要解决的教育问题。在我国基本普及九年义务教育以后，教育的问题已经从有没有教育转向有什么样的教育。素质教育在我们国家已经推行了近20年，但至今仍举步维艰，其中一个重要的原因就是：基础教育的一些基本的问题，无论在理论上还是实践中都未能得到很好的解决。

一、基础教育的基本关系

昨天的知识与明天的事业

教育在本质上是面向未来的事业，是为明天的社会准备人才的社会活动。"为了祖国的明天"、"托起明天的太阳"，都是基于这种认识而提出的口号。

然而，在实践中，教育又是立足于昨天的活动。课程是人类昨天知识的积累，教材是昨天知识的载体，它们按照昨天知识的内在逻辑组织着学生今天的活动；教师拥有的是昨天的知识，在课堂中传授着昨天的知识；学校按照昨天的社会结构和社会规范组织教育、教学。

社会的今天是昨天的延续，明天是今天的发展。没有昨天的基础，不可能有今天的文明，没有今天的成果也不可能有明天的辉煌。人不可能抛弃昨天，不懂得继承是不智的。这是用昨天的知识培育明天人才合理性的所在。

　　然而，明天毕竟不是昨天，因而，死抱住昨天是愚蠢的，仅仅靠昨天的知识创造不了明天。在社会发展较为缓慢的时期，这种"昨天"与"明天"的矛盾并不突出，因而这种"基于昨天"、"为了明天"的教育显得十分自然，一切可能的紧张与冲突，在人们悠闲的生活过程中得到稀释和缓解。但是，在社会急剧发展的今天，这一矛盾已经显得非常突出，以至人们不得不对今天教育的价值产生怀疑：教育究竟要把人们带回昨天，还是要把人们引向明天？

死抱住昨天是愚蠢的，仅仅靠昨天的知识创造不了明天

今天的努力与明天的发展

　　正因为教育是面向明天的事业，因而，人们从明天的利益出发，在"为了祖国的明天"、"托起明天的太阳"这些伟大的口号下，自以为是地要求所有的学生放弃今天的幸福，要求他们放弃对今天生活的理解，要求他们放弃对今天生活质量的追求，并且从心底里认为，这是对民族、国家乃至学生最负责任的表现。

　　然而，教育的实践表明，要求学生放弃对今天生活质量的追求，在大多数的情况下，直接导致学生失去童年的乐趣，影响了他们身体发展，造成了他们心理压抑，导致了他们思维与创新精神的下降，以及社会行为的失常，从而直接影响民族整体体力与思考力，导致民族整体竞争力的下降。

当然，我们知道，学习有时是很艰苦的。我们要鼓励学生为了社会的发展，为了他们自身人生价值的实现，在今天努力地学习。要鼓励他们有克服各种学习困难的毅力与勇气。但是，当着学习能使学生愉悦的时候，为什么我们一定要把今天的愉悦与明天的事业对立起来？尤其是在学习成为一种折磨，这种折磨已经超出了学生心理的承受能力，而表现出一些反常的、甚至反社会的行为的时候，比如，由于学生对学习的痛恨而杀害自己父母的时候，我们是否思考过社会为此付出的代价是不是太大？是不是值得？是不是有可能减少不必要的代价？是不是要考虑如何把明天的事业与今天的愉悦统一起来？

> 昨天的知识、今天的努力与明天的事业，构成了基础教育最为棘手的矛盾

概而言之，昨天的知识、今天的努力与明天的事业，构成了基础教育最为棘手的矛盾。基础教育不能不以昨天的知识为载体，但是，昨天的知识并不能保证明天的创造；基础教育不能不立足今天的努力，但是，今天的努力又有可能成为收效甚微的劳动。

二、基础教育的"基础"

关于基础教育"基础"的一种错误认识

没有谁会怀疑，基础教育本质上是为学生终身发展打基础的教育。但是，"为学生终身发展打基础"的"基础"在哪里？不少人认为：所谓双基即基础知识、基本技能，就是学生终身发展的基础。他们认为：只要学生牢固地掌握了基础知识、基本技能，他们就能在未来的社会中游刃

有余。基于这一认识，他们相信：中国的基础教育质量不错，尤其是数学与自然科学教育的质量不错，甚至还常常借用某些外国专家的话来称赞中国的教育。我认为，这种观点是错误的，至少是片面的。

"学习的基础"与"终身发展的基础"
——两种"基础"的辨析

应当承认，我国的基础教育有着自己的特点：学生基础知识比较扎实，基本技能掌握得比较牢固。然而，基础知识扎实、基本技能牢固并不等于教育质量高。学生的学习能力、思维品质、探究意识乃至态度、情感、价值观等方面的发展，是关乎教育质量更为重要的方面。

学校教育是以知识为基础的，学习能力、思维品质、探究意识乃至态度、情感、价值观等方面的发展离不开知识学习的过程。但是，这一学习过程的基础，并不意味着就是学生终身发展的基础。把这两种不同的"基础"混淆起来，是造成对基础教育基础的错误理解的原因。可以肯定地说，仅仅靠昨天的知识与技能是无以应对未来社会挑战的。因而，这就要求学校通过教育把"学习的基础"转化为学生"终身发展的基础"，把社会昨天的知识转化为有助于学生从容应对明天社会的学习能力、思维品质、探究意识乃至态度、情感、价值观。

"赢在起点，输在终点？"
——我国基础教育"基础"的再分析

说到底，输在终点的背后是输在起点

有种观点认为：我国教育赢在起点，即我国中小学生基础知识、基本技能要比西方国家扎实一些；但是我国的教育输在终点，客观上我国的高等教育，尤其是研究生教育明显地不如人家。其实，这种说法未必准确。事实上，我们的中小学生把大部分的时间与精力放在记诵昨天的知识上，而昨天的知识又没有转化为创造明天的能力。这样在创造明天的能力上，我们的学生一开始就处在落后的位置上。这就决定了在以后的竞争中要想超过人家是不太现实的。所以，说到底，输在终点的背后是输在起点。

有得当然就有失。在学生与教师时间、精力都有限的情况下，教育在一方面的质量的相对过剩，通常都导致另一方面质量的相对不足。知识固然是其他各方面发展的基础，但是知识的积累并不意味其他方面必然的提高。其实，从知识开始进而发展到学习能力、思维品质、探究意识这样的高级智慧技能比掌握知识更为困难。只重知识的结果最终必然导致对思维能力和情感发展的忽视。掌握了一大堆知识而缺乏运用知识的能力，这样的知识价值是极其有限的。学生"知识过剩"，在实践中是与"思维能力"、"人文精神"的不足联系在一起的。在这一意义上，"质量过剩"的教育并不是高质量的教育。

为此，我们必须对基础教育的"基础"进行再认识：基础教育的基础性应当体现于帮助学生打好终身学习的基础上。而这一切都要求把学生终身学习的意识、学会学习的能力、探究精神、责任心以及适应社会和创造社会的能力放在基础教育最重要的位置上，把它们确定为学生终身发展的基础，从而也把它们确定为基础教育真正的基础。

　　教育是发展学生思维和创造力的基本途径。智力开发需要教育。然而，在本质上，教育是双刃剑，有正面效应，也有负面效应。事实表明：并不是所有的教育都能促进学生思维发展的，扼杀学生创造力的错误的教育并不能振兴国家，在现实中它只能导致民族整体竞争力的下降。

三、人才培养模式的创新与基础教育基础的重塑

　　江泽民同志最近指出，"进行教育创新，根本的目的是要推进素质教育"，同时他又强调，要"完善人才培养模式"。这向我们教育工作者提出了新的要求。人才培养模式改革的过程是重塑基础教育基础的过程，其关键是转变学生的学习方式、调整学生学习的重点和改变现行的教学评价体系。

学习方式的转变

　　我国基础教育有着西方国家所不具有的优势。但是，它也存在着明显的问题。在有些教育工作者看来：

　　1. 书本的权威不可挑战，学生的任务就是接受并记诵那些被当作确定不移的真理的知识。反复的训练是达成教育

目标最有效的方法。

2. 教师的权威不可动摇，居高临下的师生关系是保证教育成功必不可少的条件。

3. 知识是唯一的，标准化的考试是判断学生认识正确性最好的途径，即使开放式的试题，也要有作为判断依据的答题要点。

4. 学生总是偷懒的，外在压力比如惩罚是比启发更为有用的教育方法。

青少年学生在校时期，充满灵气，富于幻想，是培养创新精神和创造能力的最佳时期。但是，由于学校教育的偏失，我们的学生却负担沉重，思想压抑，创造的活力受到影响。作为新世纪的教育工作者，怎样才能帮助他们冲破思想的牢笼，成为有创造活力的优秀人才呢？"把创造还给学生，让学生在创造性的学习中提高创新意识、培养创新精神"，这似乎是学校教育应对时代挑战的唯一选择，也是把昨天的知识转化为创造明天能力的唯一途径。

让学生在创造性的学习中提高创新意识、培养创新精神，首先要实现学习方式的创新。著名的国际学术团体——罗马俱乐部早在 1979 年发表的一项研究报告《回答未来的挑战》中就区分了两种不同类型的学习：维持性学习和创新性学习。所谓维持性学习强调的是培养对现实社会的适应能力，它的价值基础是预先给定的，它重视模仿继承，它的功能在于获得已有的知识、经验，以提高解决当前已经发生问题的能力。所谓创新性学习，它着重提高一

个人发现、吸收新信息和提
出新问题的能力。根据我国
教育工作者的习惯，我们把
这两种学习分别称为接受性
学习与研究性学习。

　　研究性学习正是基于这
样的理念，随着我国基础教
育改革的深入而提出来的。
研究性学习不承认"书本的
权威不可挑战"、"教师的权
威不可动摇"、"知识是唯一
的"以及"惩罚是比启发更
为有用"等等教育上的假设，
不以接受现成的知识为目标。
它把学生创新精神的培养放

2005 年 11 月访问新加坡

在最为重要的位置上，是一种以学生为主体，让学生在创
造性的学习中培养创新意识、提高创新能力的学习。

　　研究性学习的过程是学生主动探索知识的过程，在这
一过程中，学生既可围绕某一主题，也可围绕某一专题主
动地搜集信息，加工处理信息，并应用知识解决问题，甚
至生成新的知识。

　　研究性学习并不排斥、更不能代替接受性的学习。完
善人才培养模式就要变接受性学习为接受性学习与研究性
学习的结合。但是，如果在我们现存的课程体系中，接受
性学习的内容与分量未作任何的减少，再额外加上研究性

博约并重，有增
有减，是课程体系优
化的唯一途径

学习这一模块，并且当前的学习评价仍然只关注接受性学习的结果，那么，这种不同学习模块只加不减的结果，除了进一步增加学生的负担，可以想象它还会给学生带来什么结果。博约并重，有增有减，是课程体系优化的唯一途径。人才培养模式的转换，要求人们对学习方式作出总体的、结构性的调整。

研究性学习与接受性学习作为两种不同的学习方式，在实践中并不是相互排斥的。相反，在实际的学习活动中，它们往往结合在一起。为推动学习方式转变，人们将研究性学习单独设课，这不失为一种可行的策略，但如果谁把研究性学习课程与接受性学习的课程截然地分割开来，他注定要犯历史性的错误。

学习重心的转移

在社会变革日益加快的当前，学会学习比掌握专门知识更为重要。有不少家长经常在问：将来什么知识最有用？说实在的，大概很少有人能对这个问题作出真正令人满意的回答。要对这个问题作出科学的回答是十分困难的，尤其随着世界经济的全球化，人才跨行业的流动的机会将成倍地增加。跨行业的流动就要跨行业的知识，这又增加了"有用知识"的不确定性。因此，对面向未来的学习来说，学会学习比掌握专门知识更为重要。

学会学习最重要的是学会提出问题。在我国包括高等学校在内的各级学校教育总把"分析与解决问题的能力"作为学校人才培养的最高目标之一。其实，只有提出问题，人们才能分析与解决问题。任何创造总是从提出问题开始的，没有问题就不可能创造。因而，学校必须把"发现与提出问题的能力"放在"分析与解决问题的能力"之前，给予高度的重视。

鼓励学生提出问题就要容忍，甚至鼓励学生提出错误的问题。任何科学的发现与技术发明不可能一蹴而就，不容许错误其实就是堵塞了人们通向发现与发明的道路。

教学评价的改革

教学评价是教学的指挥棒。在实践中，怎么评价学习在很大程度上决定了人们怎么学与怎么教。教学评价的改革包括评价目的、评价内容与评价标准的改革。

1. 评价目的的改革——从分等鉴定到诊断激励。传统的教学评价就其主要目的来说，是为选拔服务的，即它的主要目的在于为学校选拔最好的学生。在以往，由于教育资源，尤其是优质教育资源比较紧缺，评价就被当作教育资源分配的主要工具。评价的主要功能就是分等鉴定，以使最好的学生能享受到最好的教育。同时，通过评价鉴定学生是否达到了学校毕业的基本要求，以保证学校文凭的价值。

只要社会的教育资源没有达到极大丰富的程度，只要学校文凭还有着一定的含金量，评价的分等鉴定功能就有

2005 年 11 月
访问新加坡

着它存在的理由。

然而，随着社会对人的价值和教育本义越来越深入的认识，人们对评价目的与功能的认识也发生了很大的变化。为学生成长与发展服务，这是现代社会对学习评价的基本要求。评价为学生的成长与发展服务，就是要为学生创造最好的教育服务。

为学生创造最好的教育，在课堂教学评价上就是注重评价的诊断与激励的功能。注重通过评价，发现师生教学活动和教学行为的意义与价值，找出存在的问题与症结，以不断提高教学的质量，激励教与学两方面的积极性。

2. 评价内容的改革之一——从重结果到重达到结果的过程。评价就其历史的发展来说，是从泰勒模式开始的。泰勒模式本质上是立足在行为主义的理论基础之上。行为主义认为：人的心理过程是不可测量的，因而人们只能测量与评价外显的行为。就教育评价来说，就是只能关注作为教育活动结果的学生行为的变化。

然而，现代认知心理学派认为：要想理解行为就必须考虑隐藏的过程。甚至有人认为：智力本身就是过程。这一心理学现代发展的成就动摇了泰勒模式的理论基础。

更重要的是，随着现代教育评价目的的变化，人们试图更多地运用评价工具去诊断教学活动中的问题，发现教学问题的症结。显然，仅仅关注教育活动的结果，评价是无法实现这一功能的转变的。教师教学中的问题只有在教学活动中才能发现，学生学习中的问题也只有在学习过程中才能找到。教育评价从重结果到重过程，这是现代教育评价在内容上的一个重大改革。

3. 评价内容的改革之二——从重知识到重全面素质。如同传统的教学重视基础知识与基本技能一样，以往的教学评价注重测量与评价学生对事实与概念、原理的掌握。我们在前面谈到的，基础知识与基本技能对任何人来说，都是十分重要的，评价如果不关注基础知识与基本技能，就不可能正确地对学习作出判断，从而也不可能对学生的发展作出有价值的分析。然而，如果一个评价只关注基础知识与基本技能的话，那就更不能对学生成长与发展作出真正有意义的建议，在教学实践中也会误导教师与学生。在对人自身的发展的需要和社会对人才基本要求认识的基础上，现代教学评价出现了从重知识到重全面素质的根本变化。

所谓人的全面素质，根据素质教育的要求当然要包括学生的思想素质、心理素质等方面。就学生的认知发展来说，重点在学生的创新精神和实践能力。此外，在现代学习化的社会中，学生终身学习的意识和学会学习的能力也是对学生全面素质评价的重要方面。在对学生能力评价方面，近年来，世界各国的教育工作者也都强调从对学生习得的能力（learned abilities）的评价到注重学生学习能力（learning abilities）的评价。

4. 评价内容的改革之三——从感情无关到与感情相关。现代课堂教学不仅是促进学生认知发展的过程，同样也是促进学生情感发展的过程。因而，现代课堂教学评价就不能只评价认知的发展，同样也要评价学生在课堂教学中的情感发展。

以往的教学评价，尤其是理科课程的课堂教学评价，往往只注重学生认知的发展，有人认为理科课程是与感情无关的。其实，这是一种误解。

作为教育工作者，我们都知道：兴趣是最好的老师。学生对一门课程兴趣的大小在很大程度上决定了他能否很好地学习这门课程。因而，作为对学生学习进行诊断的评价，如果不对学生学习兴趣与动机状态作出判断，是很可能对学生学习的问题作出"误诊"的。

更重要的是：任何一门学科，其中包括理科，它既是概念和原理等组成的知识体系，同时也是由对自然、社会的态度组成的价值认识的体系。在每门学科概念与原理的背后隐藏着人们对世界看法的哲学观点，在概念与原理发现的过程中体现着科学家的科学精神。这种态度和精神是人全面素质的重要组成部分。

此外，作为教育工作者我们还必须认识到：科学技术是人类社会进步的重要推动力量。但是科学本身并不是万能的，科学就其自身来说并不能解决科学的价值问题。科学技术在造福于人类的同时，也给人类社会带来了一系列极其严重的问题。科技的价值选择问题在新世纪中已日显突出。现代教育不仅要教会学生掌握科技，同样重要的，在这一过程中要帮助他们学会价值选择。

因而，在上述意义上，评价教学也不能不评价与学生认知发展紧密相关的情感，不能不评价与科学技术运用紧密相关的对待科学的价值观念。

现代教育不仅要教会学生掌握科技，同样重要的，在这一过程中要帮助他们学会价值选择

5. 评价标准的改革——从统一性答案到多样性答案。在教育评价发展的过程中，针对论文式试题缺乏客观的评分标准，20 世纪初叶，人们开发了标准化的所谓客观式试题。客观式试题具有固定的答案，不以评分人的好恶而变化，从而大大地提高了评分的客观性。在上一世纪的大部分时间里，客观式试题受到了不少教育工作者的青睐，被认为是真正科学的考试。然而，随着时代的发展和教育改革的深化，人们终于认识到，客观式试题也是有着非常大的局限的。

第一，世界本来就是多样的，因而，作为人们认识结果——答案也必然是多样。客观式试题要求人们把丰富多彩的世界用一个答案来回答，显然这是很成问题的。

第二，人的认识是渐进的，绝对真理只存在于无数相对真理的总和之中。在人类认识的不同阶段对同一事物的认识也是不完全相同的。要求人们用一种答案去认识问题就有可能封闭人的认识的前进之路。尤其是在我们今天这样一个呼唤创新的时代，把人们的思维限制在一个固定的框架内，对发展人们的创造精神是十分不利的。

第三，作为学校教育的对象，学生也是各有特性的，他们对事物的观察有着自己独特的视角。被认为是标准化的答案可能限制住学生作为独特的个体的发展。

基于上述的原因，现代教学评价试图突破客观式考试的局限，把创造机会还给学生，在评价的标准上，从统一性的答案走向多样性的答案，为学生富有个性的发展留出最大的空间。

　　现代教学评价发展的趋势，是人们对以往教学评价存在问题反思的结果，也是人们对未来教学评价发展提出的要求。当然，如何实现这一理想，在技术上还存在着不少困难需要我们去解决。但是，只要方向明确了，技术上的问题是能够逐步解决的。

学习的代价与学习的选择

2002 年 6 月在东方电视台
"世纪讲坛"上的讲演

"学习"是人们最熟悉的字眼，然而，学习，尤其是中小学学生的学习需要他们付出什么，他们从中能得到什么，以及家长与教育工作者应当为他们提供的帮助是什么，这是一些仍须认真研究的问题。为此，今天我们从学习代价的研究开始，对学习的收益与学习的选择共同作一些探讨。

一、学习的代价

很多人以为，学习是无须代价的，或者代价是很小的。自学的代价是书费，学校学习的代价主要是学费，人们需要支出的并不多。其实，这是严重的误解。事实上，人的学习主要是以生命的消耗，有时也以心灵的折磨为代价的。研究表明，学习的代价至少包括以下几个方面：

第一，学费。学费对于民办中小学的学生或者家长来说，是一个需要考虑的重要问题，对于公办学校的学生来说，这种重要性要小一点。但尽管如此，相对于其他方面，学费只是学习代价中极小的一部分，甚至可以忽略不计。对于公办学校的学生而言，当然更是如此。

第二，机会成本。机会成本就是由学习而丧失的各种赚钱机会的代价。比如，学生不去读中学，而是到某一企业去工作，每个月就有可能获得 500 元甚至 1000 元的收入。现在他们到学校去学习就放弃了这一获得工资收入的机会。这一"机会成本"的付出也是学习的代价。

第三，生命的消耗。其实学生学习最大的代价是生命的消耗。学习要求人们放弃自己喜欢的活动，这有可能引起人们烦恼和焦虑等等。我们的一些学生球迷尽管十分喜欢足球，但是为了把书读好，只能放弃观看"世界杯"的机会，这也是学习的代价。从这种意义上说，学习代价是因人而异的。当学习与学生的兴趣爱好相吻合时，学习是一种享受，因而，代价很小；当学习与学生的兴趣爱好相违背时，学习是一种沉重的负担，是一种心灵的折磨，因而是一种很大的代价。

在学生过度劳累的情况下，学习也有可能影响人的健康，这也属于这一类别的代价。

学习有时也会带来其他方面的一些代价，由于它们不具有普遍的意义，这里我们就不再讨论了。

二、学习的收益

当然，学习也是一项有巨大收益的活动。从社会方面来说，人类知识的传承，社会文明的发展，都依赖学习。学习促进了社会的进步，社会从人的学习中得到了巨大的收益。

从个体方面来说，学习是个体身心健康发展的必要手段，也是个体谋求社会与经济地位的重要途径。所谓书中自有黄金屋，书中自有颜如玉，其实讲的就是，读书学习能给你带来各种你想要的回报。

正是基于对学习能带来巨大回报、巨大收益的认识，人们发现，那些最关心、最疼爱学生的父母和教师都在想方设法把各种学习负担加给学生。因为他们相信，只有多学点知识，他们的孩子才会有美好的前途。让孩子多学点知识，这是对孩子前途负责的唯一选择。

应当承认，家长在这一问题上的抉择有非常理性的一面。从家长方面来说，他们看到了未来社会竞争将日趋激烈，因此，他们对孩子的期望也在不断提高。家长对未来社会竞争将日趋激烈的预期，应当说是基本正确的，对孩子期望的不断提高也是无可指责的。因为，教育客观上存在着选拔的功能。通过教育来选拔本质上是根据人的能力来选拔，比起根据门第，或者说，比起根据家长的社会地位和经济地位来选拔要公正得多。应当说，通过教育来选拔人才是最公正的选拔，正是这种选拔推动了社会的进步和文明的发展。

家长与学校的愿望是善良的，然而，事实与人们善良的愿望并不一致。事实表明：学习的收益受多种因素的影响。从大的方面来说，社会需要的多样性决定了它对人才需要的多样性。因而，对社会而言，学习的收益取决于学习的质量、人才的结构与他们对社会的适应性等等多个方面。

"科教兴国"是我们的基本国策，但这里只是讲了半句话，全面地说，应当讲"科教兴国，劣教误国"。"科教兴国"本意上是讲用科学技术和教育振兴国家与民族。我这里讲的是，科学优质的教育可以兴国，错误劣质的教育则可能误国。

有人说，教育是开发人的潜力的最有效途径。在一般意义上，这句话是对的，然而，在更深入的层次上，这句话有一半并不是正确的。人的潜力的开发不仅依赖于有没有教育，更依赖于他接受的是怎样的教育。比如，在封建社会，"三从四德"的教育，不仅没有发展妇女智力，而且极大地束缚了她们潜力的发展。

现在我们都在批判"读书无用论"，如果我们的学校

人的潜力的开发不仅依赖于有没有教育，更依赖于他接受的是怎样的教育

让学生读的都是无用的书，那你怎么有可能批倒"读书无用论"。读无用的书必然导致读书无用。如果我们的教育是让学生去读一大堆陈旧的、毫无用处的书，小则误人，大则误国。

从个体的收益而言，学习的收益取决于通过学习，个体社会适应性、专门知识、团队精神和终身学习能力等各个方面的综合素质能否得到真正的提高，而不只是书本知识的多寡。

一个最简单的事实是：学生学习的回报与他们未来的职业生涯紧密相连。知识使用价值对主体的依赖性决定了过剩学习的无效。学以致用就是说，只有当知识在生活中发挥作用时，知识对掌握者来说才是有用的，或者说，是"物有所值"的。反之，当知识不能在生活中发挥作用时，知识对掌握者来说是无用的，或者说，是"物非所值"的。

19世纪中叶英国实证主义哲学家、社会学家斯宾塞以一篇著名的论文《什么知识最有价值？》引发了一场知识在教育中的地位与价值的旷日持久的争论。一个半世纪过去了，今天我们重新回过来看，什么知识最有价值？这仍然是一个十分值得教育工作者和所有关心教育的人士，包括学生家长关心的问题。

"什么知识最有价值？"这一问题的提出意味着：对学生而言，并非所有的知识都是有用的，更不是所有的知识都是同等重要的。

有人认为，知识是人的理性之源，为善之本，因而多

> 学以致用就是说，只有当知识在生活中发挥作用时，知识对掌握者来说才是有用的

多益善，因而知识不会过剩。书，当然是读得越多越好。然而，这些认识需要作深入的理性分析。读书的价值和学习的回报是以"需要"为指向的。人的兴趣、爱好的差异性，更重要的是学生未来生活、职业生涯的差异性决定：同样的知识对不同的人的价值是不一样的。《养猪学》对一位从事畜牧业的人来说，无疑是有重要价值的，也可能给他带来很大的经济回报，但对一位从事 IT 行业或其他什么行业的人士来说，它的价值显然是十分有限的。学生所学的知识与技能超过他们的实际需要，对他们的思维、情感的发展又未能起到有效的促进作用的话，这样的知识与技能的价值是值得怀疑的，这种学习是过剩的学习，它的回报即使不等于零的话，也是十分低下的。所以，社会发展到了今天，任何一个人，包括关心他、爱护他的家长和师长，在考虑学习的问题，包括学什么和怎样学的问题时，不能不从学习的代价与学习的收益的综合考虑中作出认真的选择。

三、学习的选择

在学习的选择这一问题上需要认真考虑的至少有三点。

第一，学生的学习效果与学生对学习代价的承受能力有关，因而，选择学习不能不考虑学生对代价的承受能力。学生的学习常常是以牺牲自己爱好为代价，有时甚至以生活中极端的焦虑和烦恼为代价。

成年人喜欢把今天学生在课堂的学习看作为了社会生活的准备。"十年寒窗苦，方为人上人。"痛苦的童年是为未来幸福人生的必要牺牲。事实上，学生的学习生活是其人生的重要组成部分。学生接受现代教育，如果到高中毕业就需要在学校中度过 12 年的时间，本科毕业需要 16 年时间，如果博士毕业则需要长达 22 年的时间。这部分时间是人生的重要组成部分。如果一个人的童年、少年、青年是痛苦不堪的，他的一生能够称得上是幸福的吗？更何况这种学习的痛苦有可能对学生未来的人生产生一辈子的影响，甚至有可能造成他们当下的反常行为和反社会的倾向。过重的学习负担使学生失去童年的乐趣、影响他们的身体发展、造成了他们心理压抑和思维与创新能力的下降，以及社会行为的失常。在国内外这种例子都是屡见不鲜的。

　　当然，一般而言学习总是艰苦的。我们要鼓励学生为了社会的发展，为了自我人生价值的实现，应该在今天努力地学习，鼓励他们要有克服各种学习困难的毅力与勇气。但是，当学习成为一种折磨，而且这种折磨超出了学生心理的承受能力的时候，家长与学校教育工作者难道不需要认真考虑，我们让学生付出的代价是否太大、是否值得呢？尤其是，当学习这种折磨超出了学生的心理承受能力，而表现出一些反常的、甚至反社会的行为的时候，比如，由于学生对学习的痛恨而杀害自己父母的时候，我们是否思考过社会为此付出的代价是不是太大？是不是值得？是不是有可能减少不必要的代价？

从这一事实出发，我们对家长和教师的建议是：千万别逼你的孩子或你的学生去学学校基本要求以外、超出他能力的，或他不愿去学的东西。每个孩子都是不一样的。人家孩子能做到的，你的孩子未必能做到，人家孩子能学好的，你的孩子未必能学好。当然，你的孩子能做到的，人家孩子未必能做到，你的孩子能学好的，人家孩子未必能学好。最好的学习，也就是代价最小的学习是和你的孩子或你的学生智能强项与兴趣相配的学习。学习不能只考虑学生的兴趣，也不能不考虑学生的兴趣。看到人家的孩子在那一方面成功了，就希望自己的孩子在这方面也能成功，而不从孩子的实际出发，这往往是家庭教育和学校教育失败的开始。

第二，学习的收益以社会的需要为转移，在当前社会变革日益加快的年代，学会学习比掌握专门知识更为

千万别逼你的孩子或你的学生去学学校基本要求以外、超出他能力的，或他不愿去学的东西

2005 年 11 月访问韩国

重要。

　　谁都明白，人生有涯，知识无限。以有限的精力去获取无限的知识，是没有可能的。因此，作为教育工作者，我们需要认真研究，让学生学什么？不少学校和家长也在考虑这样的问题：怎样把最有用的知识教给学生，怎样让学生学最有用的知识。有不少家长经常问：将来什么知识最有用？说实在的，大概很少有人能对这个问题作出真正令人满意的回答。在当前社会变革日益加快的年代，要对这个问题作出科学的回答是十分困难的。尤其是随着世界经济的全球化，人才跨行业流动的机会将会成倍地增加，跨行业的流动就要跨行业的知识，这又增加了"有用知识"的不确定性。因此，对面向未来的学习来说，学会学习比掌握专门知识更为重要。

　　有人会说，知识是能力的基础，学习知识与发展能力不可分割。当然，知识固然是其他各方面发展的基础，但是，它毕竟只是一个基础，知识的积累并不意味其他方面必然的提高。即使我们承认，知识是人的理性之源，为善之本，然而，这个源并不必然成为流，这个本也不必然成为树。其实，从知识开始进而发展到形成领会、运用、分析、综合和评价这样的高级智慧技能比掌握知识更为困难。

　　现实的情况是学校往往偏重学生一个方面的提高，失缺对学生另一方面发展的考虑。只重知识的结果最终必然导致对思维能力和情感发展的忽视。掌握了一大堆知识而缺乏运用知识的能力，这样的知识价值是极其有限的。学

学生"知识学习的过剩"，在实践中是与"思维能力"、"人文精神"的不足联系在一起的

生"知识学习的过剩"，在实践中是与"思维能力"、"人文精神"的不足联系在一起的。尤其在当前这样一个充满变革的年代，人们要适应社会的快速变动，就要更注重能力的提高。在这一意义上，"知识学习过剩"的教育并不是高质量的教育，这一学习并不是明智的学习。

第三，学生学习的效益取决于他们的学习方式，因而，人们选择学习就不能不选择学习的方式。在我们的现实生活中，不少事实表明：人的想象力随年龄的增加而递减，随受教育程度的提高而下降。这难道是必然的吗？回答当然是否定的，迄今为止，没有任何一门学科的任何一项研究能够证明，人们的想象力必然地随年龄的增加而递减。那么，人们的想象力、创造精神与创造力是怎样丧失的呢？

请听一个学生发自肺腑的谈话：

> 在国内，老师怎样讲，我们就必须怎样听，而且要一字不差地记下来。特别是考试的时候，一定要一字不差地按照标准答案写，写错一个，就全错。比如，"紧张"这个词的反义词一定要答"放松"，写成"轻松"就错；"犹豫"的反义词一定要答"坚决"，写成"果敢"就错。在历史题中，如果把"文字记录"答成"文字记载"也是错的。所以我的语文成绩总是提不高。我真担心，这样下去，教出来的学生，有可能会变成一群丧失个性、别人怎么讲就怎么说的应声虫。

面对上述材料，人们只能得出这样的结论：学生创造性的思维是在课堂中被教师不经意地扼杀的；面对上述材料，人们很难否认：面对这样的教育，学生们在校时间越长，他们的思维灵气就有可能消失得越多。

著名的国际学术团体——罗马俱乐部早在 1979 年发表的一项研究报告《回答未来的挑战》中就区分了两种不同类型的学习：维持性学习和创新性学习。所谓维持性学习强调的是培养对现实社会的适应能力，它的价值基础是预先给定的，它重视模仿继承，它的功能在于获得已有的知识、经验，以提高解决当前已经发生的问题的能力。创新性学习则着重提高一个人发现、吸收新信息和提出新问题的能力。根据我国教育工作者的习惯，我们把这两种学习分别称为接受性学习与研究性学习。

人们把研究性学习看得很神秘，也有人怀疑它究竟有什么价值。在四川有一所职业技术学校，有个专业是形象

设计。以往的教学是：首先是教师讲解，然后是教师示范，再后是教师手把手地施教。在这种教学模式下，50个学生学会的是一种发型。它培养的是理发师。现在，这个学校改变了学生的学习方式，教师首先通过教材呈现一种发型，然后，让学生在模型上自己动手设计，50个学生设计出50种不同的发型；在此基础上，学生们相互之间对各自的成果进行评价、修改和提高。学校由此培养出来的是一批形象设计师。这个学校最初没人愿意去读，现在，它的毕业生受到了各方面的欢迎，学生和家长抢着去。

研究性学习以培养学生的创新精神和实践能力为主要目的，它不以理解前人发现的知识为目标，它是学生主动探索知识的过程，因而它以提高学生的探究意识与创新精神为目的；在学习的这一过程中，学生既可围绕某一主题，也可围绕某一专题主动地搜集信息，加工处理信息，并应用知识解决问题。它对学生的探索能力，特别是实践性的探索能力的发展具有十分明显的作用。

为此，我们建议：变接受性学习为接受性学习与研究性学习的结合，以提高学生的创新精神与实践能力。这是新时期对学生学习方式的新要求。

让教育适合学生

2003 年 5 月在
上海市北中学教师论坛上的讲演

让教育适合学生，还是让学生适合教育？教育不能不从学生的实际出发，因而，教育要适合学生，但是，教育又是一种有着自身规律的活动，它的目的在于促使个体社会化，因而，又要让学生适合教育。在理论上，这确实是一个让相当一部分教育工作者感到难以回答的问题。

一、中外教育史上的争论

让教育适合学生，还是让学生适合教育？对这一问题中外教育史就有着各种不同的回答。

1. 知识本位论。这一理论的倡导者认为：知识引导着人的整个生活，因而，"要把教育建立在知识的本质及其重要性的基础上，而不是建立在儿童的偏好、社会需要或政治家的意愿基础上"，教育"必须根据知识本身的状况与逻辑来组织"。（单丁：《课程流派研究》，山东教育出版社，1998 年版，第 392～393 页）为此，他们强调：要根据知识的分类和知识与知识之间的内在逻辑来安排课程，组织教育。

知识本位的倡导者要求根据知识的分类和知识与知识之间的内在逻辑来组织课程，学习一部分知识对学习另一部分知识是必需的，因此学习这一部分知识被看成学习另一部分知识的必要"准备"。学生已经为后续知识的学习准备了充分的基础了吗？这便是有些教师与教育工作者判断一定阶段教育质量的依据。

在实践中，由于历史上形成的教师在教学活动中的优越地位和教育与社会联系的间接性特点，教育系统在很大程度上几乎成为一个封闭的系统，从而使教师在教育活动中很容易认同这种价值观。此外，知识界从来就有着执著地追求真理的传统与为真理不惜牺牲一切的信念，这种传统与信念是社会文明进步的动力。一些知识在其被发现的最初阶段，甚至在一段较长的时间里它的应用价值并非那么明显。这一切就构成了知识本位教育价值取向合理性的基础。教育工作者非功利追求的精神和不畏权贵的人格特征更赢得了人们对这种价值观的强烈认同，这就使得即使

知识界从来就有着执著地追求真理的传统与为真理不惜牺牲一切的信念

在社会功利追求日益风靡的情况下，知识本位的教育价值观至今仍有重要影响。以至于在世界各地，社会与政府部门多年来一直在运用各种手段对其加以纠正，但是从实际效果来看，至今仍然收效甚微。

2. 社会本位论。社会本位的教育以满足社会（主要是国家、民族和社区发展）的需要作为教育的基本取向。德国著名的哲学家费希特是其代表人物之一。1806 年普鲁士在与法国的战争中失败，处于亡国边缘。费希特痛心于祖国的耻辱，在这一背景下，他先后作了 14 次"对德意志国民的演讲"。在这些演讲中，他要求，教育要以爱国主义为号召，奋发青年一代的朝气，恢复国家的独立。德意志复兴后，费希特被称为"复兴国家之父"。"良师兴国"的结果是欧洲民族主义思想的勃兴，国家主义普遍受到重视，教育则被要求充分地反映国家对青年一代的期望。

这种价值观在教育活动中的表现，就是依照社会需要制订教育目标，并据以设计组织学校教育课程，最后以教育目标实现的程度判断课程质量的高低。学校教育实践中广为流行的课程编制和教育评价的泰勒模式，就是这一价值观的体现。除此之外，对泰勒模式的改进或修订还产生了其他许多新的教育评价模式，如系统分析模式、CIPP 模式、CSE

2008 年 5 月于美国雅虎总部

模式等等，它们共同的特点是注重外部需要，并以满足外部需要的程度作为评价教育质量高低的标准。（关于系统分析模式、CIPP 模式、CSE 模式的评述，参见陈玉琨著：《教育评价学》，人民教育出版社，1999 年版）

用罗素的话来说，我们不应当把学生当作手段，而应当把学生的发展本身当作目的

这种以外部需要为标准的教育价值观引起了许多人的不满。教育界有人提出，教育是学生的自我实现过程，因此，学校课程应着眼于学生个体的认知、情感、兴趣、特长、意志、品质等方面的发展。英国哲学家罗素曾以日本为例说，"现代的日本最清楚不过地说明了一种趋势：把国家强大作为教育的最高宗旨，……日本的教育目的是通过培养学生的爱国热情来造就为国献身的公民，并且使他们用所学的知识为国家效劳"。罗素对这种教育作出如下评价："自从培里准将率领他的海军舰队抵达日本以来，日本人一直处在自我保存的境地之中；假如我们认为自我保存不该受到责备，那么，日本人的成功就可证明其方法的合理性。……除了这种危急的形势外，任何国家采用这种方法的话，都该受到谴责。"（罗素："美好生活的教育目的"，瞿宝奎主编：《教育学文集.教育目的》，人民教育出版社，1989 年版，第 487 页）

3. 学生本位论。学生本位的价值论者主张尊重学习者的本性与要求，主张学校的职能是"使人充分地培养成为名副其实的人，而决不能只是提供人力资源"，学校教育的价值就在于为每个学习者提供真正有助于个性解放和成长的经验，重视人的存在，强调学习的内部动机基础。用罗素的话来说，我们不应当把学生当作手段，而应当把学

生的发展本身当作目的。这种价值观强调学生作为人的自由与独特性、整体性、自我指导性，认为学生理智的训练、心智的发展和完善比功利的目的更重要，人格的陶冶比知识的掌握更重要。这种强调学生个体自由发展的教育价值观，与强调满足外部需求的教育价值观相比，给了学生以自主的人的地位，学生已不再被当成是为适应外在的目的而被训练的对象，而是在学校和教师的帮助下，完成一定阶段上自我实现的人。

二、只有让教育适合学生，才能让学生适合教育

面对这样一个纷繁复杂的问题，一个不偏不倚的回答当然是，既让教育适合学生，又让学生适合教育。

最近读了沈黎明校长主编的《创造适合学生的教育》，颇感意外，又感惊喜。意外的是她对这一问题作了一个极为明确的回答；惊喜是她对这一问题给出了令人较为满意的答案，并在学校教育实践中把这一理念转化成了教育行为。

"创造适合学生的教育，事实上是要教育更好地为学生服务，进而使学生能适应时代的特点，迎接时代的挑战。"（沈黎明主编：《创造适合学生

2008 年 5 月于美国加州大学伯克利分校

的教育》，文汇出版社，2002 年版，第 15 页）这就是说，只有让教育适合学生，才能让学生适合时代的需要，更好地实现教育目的。这一看似对教育两难问题片面的回答，事实上是对教育活动规律性的把握。

教育是认识人、培养人的伟大事业。培养人、开发人首先要认识人、理解人。从学生方面来看：

1. 人的智力发展是有很大潜力的。作为教育工作者，我们没有理由怀疑学生的潜在能力。我们相信，只要教育得当，每个学生都是能够成材的。积极地开发每一个学生的最大潜能，是我们教育工作者应尽的责任。8

2. 学生的潜力是各不一样，兴趣也是不完全相同的。有的潜力大一些，有的潜力小一些。有的在这方面见长，有的在那方面突出，有的左半脑比较发达，有的右半脑更有潜力。在我们这个世界上，完全相同的两个人是根本不存在的。尊重科学、实事求是，就要尊重学生之间存在的客观差异。

3. 学生的潜力需要合适的教育加以开发。学生的潜力不会自动地得到发展，学生潜力的充分开发需要合适的教育。有些教师总是要求学生"苦学"。我们承认学习是艰苦的，但是，如果学习能与人的兴趣、爱好、特长相结合的话，他们是能从学习中得到极大乐趣的，就能使他们变厌学为乐学，从成功走向成功。

同样，教育要服务社会，就要对社会的发展有真正的理解。从社会方面来看：

社会的需要是多样的。当代社会的一个重要特征就是

"以人为中心"，为了人，服务人的。当代社会是建立在自主选择基础之上的社会。随着社会经济的发展，人在基本需要得到满足以后，高层次的精神需要就日益强烈，这一需要最显著的特点就是个性化和多样化。多样化的经济需要多样化的人才。

人才的单一化必然造成一些特定的领域出现人才的积压，而在另外一些领域人才不足

社会多样化的需要要求教育培养多样化的人才。单一化的人才满足不了社会多样化的需要。人才的单一化必然造成一些特定的领域出现人才的积压，而在另外一些领域人才不足。在这一意义上，学校为社会培养多样化的人才是社会发展的必然要求。

教育不能不讲统一的要求，统一的要求是保证教育质量的需要。教育是一种有着自身规律的活动，教育活动的一个重要规律就是"循序渐进"。没有坚实的基础，就不会有高水平的发展。社会也是有基本的统一规范的。没有基本统一的社会规范，社会就没有了秩序。然而，教育的根本目的是实现个体社会化，社会繁荣的基础是社会成员个性的充分和谐发展。我们不赞成偏离社会发展需要的自我设计，自我实现，也不赞成只强调社会需要而否定扼杀个性的充分和谐发展。只注意统一性，不注意差异性，只强调服从，不鼓励创造，只有禁锢，没有自由，那么，无论对个体的发展还是对社会的发展都是

2008 年 5 月于美国斯坦福大学胡佛研究中心

不利的。

这里需要特别强调的是，不少学校把"培养与未来社会政治、经济、科学文化发展相适应的人才"作为学校的教育目标。这是一个不错的目标表述。但是对"与社会发展相适应"有积极的与消极的理解。消极的理解看不到教育与社会相互作用的关系，看不到社会发展与个体发展的相互作用的关系。因此，在实践中"与社会发展相适应"成了与今天的社会相适应，甚至与昨天的社会相适应，人的主体性与创造性被有意无意地忽视了。事实上，未来的社会是靠今天的学生去创造的，是靠他们带着自己的理想与价值选择去创造的。积极的理解就要把学校的教育看作"培养能够创造未来社会人"的教育，看作积极培养富有社会责任又充满个性与主体性的人的教育。

与此相联系的是：在实践中，目前学校的教学基本上还是被人们当作知识单向传递的活动，这是当前学校教学过程中存在的主要问题之一。它对培养创造未来社会的人是极为不利的。学校的教学需要学生更积极、更主动地参与。学生的参与既是提高学校教学质量的手段，也是学校教学的重要目的之一。

党的十六大报告指出："推动社会的全面进步，促进人的全面发展。仅仅把握了这一点，就从根本上把握了人民的愿望，把握了社会主义现代化建设的本质。"这一论断是非常深刻的，它对我们理解社会发展与人的发展的关系有重要的启示意义。

在这个意义上，可以说，只有教育适合学生，才能真正培养适合社会需要的学生。

三、适合学生的教育是目的性与规律性统一的教育

教育有着自身的客观规律，人的认知与情感的发展也有着自身的逻辑。教育能够违反这种规律与逻辑吗？答案当然是否定的。

但是，人之成为人就在于他的任何活动都是有意识、有目的的。他在认识必然的基础上，努力向自由王国前进。人不能只是规律的奴隶而不懂得对规律的利用与选择。

知识本位论认为：知识是人的理性之源，为善之本。因而，必须根据知识自身的逻辑来组织课程。然而，人们不难发现，这一理论的一个重要失误在于，它忽视了一个简单的事实：知识无限，人生有涯。在有限的生命里，人们不可能掌握所有的知识，因而，"什么知识最有价值"，是任何教育工作者所不能不回答的一个重要问题。显然，这一问题从知识本身来说是无法找到答案的。知识本身并不能证明自身的价值。知识的价值只能从它对人和社会的发展的作用中寻求。知识对人的理性与善的促进，对社会发展的贡献程度是知识相对价值的判断依据。

事实上，为知识而知识这样的思想是如此的根深蒂固，以至于当今的一些教育者，仍然认为这是不证自明的真理。于是在当今的学校教育中出现了人们所批评的那种情况：过分狭隘地集中于学术准备，排除了个人、社会和

职业的目标；过于偏重理论，只是指向考试和高一级的学术训练，以至于学生认为他们的学校生活枯燥乏味，与真实生活相去甚远。然而，这一切却被不少教育者认为是神圣不可侵犯的。

科学的逻辑是一种客观的存在，人们无法违背这种存在，但人们有能力也应该充分利用这样的规律和逻辑。教育要满足学生的需要，就要给学生有选择学习的权力，但这样的选择不应违背教育的规律和科学的逻辑，应是在这种限制范围内的自由选择。同样，教育规律和科学逻辑是应该遵循的，但遵循这样的规律是为了更好地满足学生的需要。这里必须明确目的和手段的关系，遵循和利用教育规律、科学逻辑是手段，而满足学生的需要是目的，当我们把手段异化为目的的时候，这种教育的价值也就失去了合理的基础。

同样，任何的教育和课程只能在尊重教育规律、科学逻辑的基础上为学生的发展和社会发展服务，一味强调教育为学生的发展与社会发展服务而不顾教育的规律和科学的逻辑，就无异于杀鸡取卵，这样的教育无法得到成功，最终也无法满足学生和社会的需要。然而，教育不能背离学生和社会的需要，否则就连教育发展所需要的基本资源都难以获得，教育自身的存在也会成为问题。

教育不能不尊重教育的客观规律与科学发展的自身逻辑，但是，这种尊重是在既定的社会条件下，合目的性与合规律性统一下的尊重。教育是一种以促进社会的发展和人的发展为目的的活动，离开了这一目的，任何教育都是盲目的，无的放矢的；离开了这一目的，学校教育的价值也是令人怀疑的。

此外，学生身心发展的规律也是决定教育能否取得成功的最重要的规律。在这一意义上，适合学生的教育就是合乎规律的教育。创造适合学生的教育是把教育的目的性与规律性统一在一起的教育。

创造适合学生的教育是把教育的目的性与规律性统一在一起的教育

现代学校制度和现代学校管理

2005 年 4 月 10 日在
首届国际名中学校长论坛（上海浦东）上的讲演

女士们、先生们，下午好！

今天谈一个大题目——现代学校制度和现代学校管理。就当代学校发展来说，它离不开整个教育发展的大背景，所以关于这个题目就需要我们首先从背景的分析谈起。从宏观背景来说，当代教育走向和发展趋势可以概括为五个方面。

第一，管理重心从外控向内控转移。外控的管理指的是政府与政府教育行政部门的管理。在过去相当长的一段时期中，人们总是认为，政府是万能的，因而它可以包办一切。但是事实上任何政府的能力都是有限的，因为它的资源是有限的。尤其在教育问题上，当涉及数以亿计的学生时更是如此。作为教育工作者，我们知道，只有接近学生，了解学生，才能有效地帮助学生。从这一事实出发，20世纪80年代人们提出了校本管理的概念。校本管理就是以学校为基础，从学校实际出发的管理，它包括校本课程、校本人事与校本财务等等。校本管理赋予了学校自我管理更大的空间和权力。

第二，价值取向从一元向多元转移。任何一个国家的教育总是要服务国家、社会与民族发展的。教育不能为国家、民族发展服务，它就失去了存在的理由。然而，如果教育只关注国家的需要，不能为人的发展作出贡献，这样的教育也是有很大问题的。所以，近年来，中国的教育在坚持"必须为社会主义现代化服务"的基础上，特别强调了"为人民服务"的思想，强调要坚持教育为人民服务的宗旨，办好人民满意的教育，这是教育在价值取向上的重要变化。根据这一思想，一个学校如果只让政府感到满意，那它还不一定是好的学校，只有政府满意、群众满意的学校才是好的学校。这就是价值取向变化带来的评价标准的变化。

第三，社会要求从数量向质量转移。这个趋势在中国表现得十分明显。这几年来，中国的基础教育、高等教育在数量上有了极大的发展。当前人们关心的不再是能不能接受教育的问题，而是能不能接受优质教育的问题。人民对优质教育的呼唤越来越强烈，对教育质量的要求也越来越高。

第四，学校发展从知识应用向问题解决转移。以往人们相信教育与管理都有一套现成的知识和技能体系，谁只要掌握了这一知识与技能体系，他就能成为一个合格的教育者或管理者。然而随着时代的变化，我们可以看到，现代社会的发展一日千里。社会在其发展中对我们的教育提出了很多新要求，我们的学生也出现了很多新特点。如果一个教育工作者不去研究社会发展的新要求与学生身上出现的新特点，是没有办法办好这个学校，没有办法极大地提升教育质量的。

从这个意义上说，现代学校首先要把自己办成一个学习型的组织。学校是当然的学习型组织吗？回答是否定的。作为现代社会中的学习型组织，它至少有三个特征：其一，以强烈的危机意识作为学习的动机；其二，以问题解决作为学习的根本；其三，以组织的变革和手段的创新作为学习的目标。研究表明，在上述三个方面，大多数学校都是存在一定差距的。一般而言，在大多数地区，学校的教师（包括校长）危机意识并不强，因为教师是当前社会上最稳定的职业之一。如果一定要在现代社会中找一个学习动机最强的组织的话，非常遗憾我们发现这个组织竟然是走私贩毒集团。这首先是因为他们从事的这一行当是冒着杀头危险的，因而，他们需要不断地研究政府举措，在这一点上他们学习的动机是非常强烈的；其次，他们的学习并不是读几本书，而是始终立足于研究政府的侦察手段，始终是以问题为本的；最后，他们很善于随时地把研究的结果转化为反侦察的手段。这是我概括的三个特点。

如果一定要在现代社会中找一个学习动机最强的组织的话，非常遗憾我们发现这个组织竟然是走私贩毒集团对于我们学校来说，如何认识发展过程当中的危机，提升自己研究问题的能力，根据社会新变化、新特点，找出我们变革组织、创新手段的新对策，是一个很重要的问题，这样才能保证学校更好地发展。

第五，学校行政从物的管理走向文化的引领。过去，我们强调管理者的任务是优化配置各种资源，包括人力资源、财力资源等等。资源的优化配置是十分重要的，它是实现组织目标的重要保障。然而，在现代社会，校长有更重要的任务，就是依靠文化，依靠师生的精神追求，依靠学校师生员工共同的价值追求来提升学校的品质。它是更高层次的管理。我曾经区分过学校发展的几个阶段。就学校来说，第一个阶段是"人治"的阶段。在这一阶段，一个好校长就是一所好学校。一位好校长凭着自己的智慧与人格就可以带出一支队伍，创建一所好的学校。然而，问题在于：如果这位校长由于各种原因离岗了怎么办？其结果往往是学校下一个台阶。第二个阶段是"法治"的阶段。在这一阶段，学校的发展主要依靠学校的规章制度，根据制度，学校可以规范运作，校长不在学校也可以办好。但是制度只能保证最基本的要求，学校向更高水平发展还需要人们的精神追求，为此，它需要文化的引领。第三阶段是"德治"的阶段。在这一阶段，它依靠文化的力量，需要通过不断提升师生员工的价值追求来提升学校的品位。这三个阶段的区别是：第一阶段是没有规范的，第二阶段是建立规范的，第三阶段是超越规范的。文化引领是最高层次的管理。在这三个阶段，校长都很重要，在制

制度只能保证最基本的要求，学校向更高水平发展还需要人们的精神追求，为此，它需要文化的引领

度建设阶段，校长应当是制度的完善者；在文化建设阶段，校长应当是学校文化的引领者。

现代学校应当是依法办学、自我发展、自我约束、社会监督的学校。学校和任何社会组织都必须按照国家现行法律法规行事，不能违法，这谁都懂。

作为现代学校更需要强调自我发展。什么叫自我发展？在我看来，自我发展包含三个要素：第一，学校发展目标的自我定位。人才培养、办学特色由你自己确定，怎么确定？我们后面讨论。第二，自我激励。要有这个机制和手段。第三，自我资源调控。可以灵活自主地调配学校各个方面的资源。学校自我发展包括学生的自主发展和教师的自主发展。

所谓学生的自主发展就是学生立足于自己的兴趣爱好，个性特长得到充分的发展。教育的宗旨是为了一切学生，一切为了学生，为了学生一切。如果不能满足每一个学生的需要，那么"为了一切学生"就是一个空洞的口号。让每个学生都取得成功，是学校办学成功的重要标志。

教师的自主发展意味着学校充分尊重教师的选择。教育是充满智慧的事业，它呼唤教师的创造。当我们说，教育是充满智慧的事业时，它指的是教育传递的是智慧，传递智慧需要智慧，没有智慧是传递不了智慧的。教师不应该只是教书匠，不能年复一年地重复以往的教案。教师应当是教育活动的创造者，应当有自己的精神追求。学校的发展，要基于教师的精神追求，要依靠教师的精神追求。

要让专业发展成为教师实现人生价值的过程，而学校要成为教师实现人生价值的场所。

在这一基础上我们可以得出三个结论。第一，不能自主发展的学生是失败的学生。一个学生不可能永远待在学校，当他走上社会以后还要老师扶着，要家长搀着，这当然是失败的。第二，不能自我发展的教师是平庸的教师。校长指派你什么任务你做什么，没有自己的想法，没有创造性，这个教师无疑是平庸的。第三，不能自主发展的学校是落后的学校。一个学校不知道或者不懂得怎么适应社会的变化，怎么成为一个名校，它怎么能成为一流的学校？

当然，现代学校还要有自我约束的机制。这像一辆车仅仅有良好的发动机是不够的，还要有良好的制动设备。有良好的发动机而没有很好的制动器，这个车肯定要出问题的。道理就这么简单。

最后，一个现代的学校还要接受社会监督，舆论监督和政府的检查、督导、评估等等。这对于现代学校的健康发展都是必需的。

前面我讨论的是现代学校制度，它为我们建设现代一流学校提供了可能，但只有这样的保障因素是远远不够的。建设现代一流学校还需要我们自己作出极大努力。

现代一流学校的建设，在我看来有五个方面是至关重要的。

第一，要以科学发展观为指导，精心设计学校发展的目标。科学发展观不是空洞的话，不是大话。从学校发展

> 现代学校还要有自我约束的机制。这像一辆车仅仅有良好的发动机是不够的，还要有良好的制动设备

目标定位来看，它要考虑学生的发展、学生思想道德的发展、课程的发展、文化的发展，还有设施设备的改善。这些是有机的整体，应该是全面协调，是可持续，是充分体现了科学发展观的。

第二，要以德育为核心，提高学生思想道德教育的实效。任何一个国家，不管是古代还是现代，不管是中国还是外国，只要是学校，它首先要回答的问题就是为谁培养人，培养什么样的人。所以坚持以德育为核心，这一点对于所有教育工作者来说都不能动摇。

第三，要以人才培养模式转化为把手，全面提升素质教育水平。当前我国正在开展的基础教育课程改革，其实不只是教学内容的改革，说到底这是一场关于人才培养模式转换的深刻变革。

第四，要以教育科研为手段，促进办学质量的提高。认识教育规律，我们可以更少地付出而取得更多的成绩。

第五，要以能力建设为突破口，带动学校整体水平的不断提高。能力的建设，包括两个方面：第一个方面是教师的能力。教师的能力代表了学校的整体教学水平。第二个方面是管理者的能力。学校领导班子的管理、组织、领导能力怎么样，在很大程度上决定了学校的发展水平。

学校发展目标的确定和设计，要以科学发展观为指导。"十五"马上就要结束，明年进入"十一五"，学校发展目标应怎样设计？这里只简要提一下基本原则。学校发展目标的设计要考虑四个客观因素：第一是社会客观需要。我们上海应该考虑上海人有什么要求，这是制定学校

> 学校领导班子的管理、组织、领导能力怎么样，在很大程度上决定了学校的发展水平

发展目标的根本。第二是学校发展的客观基础。每个学校历史基础不一样，上海有百年以上的老校，也有新创办的学校，文化根底不一样，办学目标不可能一样。第三是办学的客观条件。办学客观条件制约着学校可能达到的高度，所谓学校办学的客观条件不仅包括经费、设施，在我看来至少还有生源、师资、地理位置和人际关系等几个方面。最后一个客观因素是教育的客观规律。我们只有遵循规律来办学，才有可能达到事半而功倍的效果，否则一定是事倍而功半。这是讲的发展目标的确定。下面说说新时期学生思想道德建设的问题。

我提这么几个命题。第一个命题，德育是社会问题，只有联系社会生活才能有效。因为学生来自于社会，学生的体验也是社会性的，所以脱离社会的德育是不行的。为此我们要特别强调德育的本土化、社会化，本土的资源是最有效的德育资源。

第二个命题，德育是学生成长中的问题，也就是说，在学生发展的不同阶段会有不同的问题。小学生有小学生的德育问题，初中生有初中生的德育问题，高中生有高中生的德育问题，不同学段学生的德育问题是不一样的，所以德育必须强调它的针对性、层次性、阶段性和有序性。在我看来，我们现在的学校德育存在的问题，主要是德育的规律没有把握住。德育也要讲循序渐进，德育工作应该符合这个规律。

第三个命题，德育是情感问题，只有投入情感才能有回报。很遗憾现在我们学生的很多问题都来自于成年人。

我们要特别强调德育的本土化、社会化，本土的资源是最有效的德育资源成年人当中，教师是对学生影响最大的人。实践证明，爱心需要爱心才能唤醒。一个冷漠的教师，不可能培养出有爱心的学生。诚信需要诚信加以教育。一个虚伪的教师，要培养出有诚信的学生也非常困难。行为需要榜样加以引导。在学校教师就是学生的榜样，学生群体也是榜样。为此我们说，提升学生思想道德水平首先要提高教师的思想道德水平。所以有时要判断一个学校的学生思想道德水平，只要看看这所学校的教师思想道德水平就能知道大概的情况了。如果教师思想道德水平不高，那么要这所学校有很高的思想道德建设成效，在我看来近乎天方夜谭。

最后一个命题，德育是价值观的问题。价值观教育强调的是引导，我这里只说中国的教育。如果我们培养的学生不热爱社会主义，那么教育无疑是失败的。这是引导的问题。而任何引导都必须遵循客观规律，不能只靠主观愿望。

接下来，谈谈培养模式的转换。关于这一问题，重要的有以下几个方面。

第一，培养目标的变革。传统的课堂教学，特征是目标的单一性，只强调知识，在课堂上能关注学生智力的发展就相当不错了。现代的课堂教学，特征是目标的多样性，强调智力、非智力的统一，强调知识技能、方法过程和情感态度价值观三个维度的统一，三个维度必须并进。如果一个课堂是没有情感的，那么这个课堂一定是没有活力的。

第二，课堂教学改革的要点在我看来主要有两个方面：一是要形成学生主动参与、师生互动、逐步生成的教学模式，这样才能培养学生的创新精神。"生成"就是说在课堂中学生要解决一些问题，但与此同时也会产生一些新的问题，这样学生的思维才是活跃、主动的。有一些教师，在一节课结束时问学生"大家听懂了吗"，学生回答"听懂了"；老师再问"还有问题吗"，学生回答"没有了"。学生都听懂了，没有问题了，于是这堂课就被认为是好课。我们还有些校长要求教师不能让学生带着问题离开课堂。其实这样的课是最糟糕的，因为学生没了问题也就没了思维的动力。有疑问才能有创造的冲动和解决问题的冲动。二是要使课堂成为真实世界的组成部分，为此，我们特别强调要把世界引进教室，这样才能培养学生的实践能力。目前，教材几乎就是我们学生全部的学习内容，学生生活在概念的世界中，严重地脱离生活，他们一方面缺乏创新能力，另一方面缺乏实践能力。很难想象这样的教育能成为成功的教育。所以，要把世界引进教室，要让外面真实的世界成为我们的教学内容。

最后，我们来谈谈教学评价的改革。这是影响人才培养模式改革的一个非常重要的关键点，因为评价具有导向性。

当代教育评价就其发展来说，表现出五个方面的趋势。第一个方面，从为选拔服务到为学生的成长发展服务，这是评价目的的重要变革。以往我们的考试评价是为了选拔最好的学生，现在我们的评价是为学生创造最好的教育，因而我们特别强调评价的诊断功能。通过评价，教

要把世界引进教室，要让外面真实的世界成为我们的教学内容

师能找到教的问题，学生能找到学的问题，这样评价才能有效提升我们课堂教学的质量。第二，从注重结果到注重得到结果的过程。这很重要，如果不了解学生发展的过程，是没有办法真正帮助学生提高的。第三，从注重知识到注重学生的素质教育。全面实施素质教育当然要关心学生的素质，仅仅只重视知识和技能是不够的。第四，从与情感无关到与情感相关。事实上，任何一门学科，不管文科理科，都既是知识体系，也是价值观体系。比如，数学当然是由概念、原理组成的知识体系，然而，作为认识世界的重要工具，它对提升学生世界观的科学水平有重要意义。评价要从每门学科的特点出发，引导教师开发所教学科的德育功能。第五，从统一性答案到多样性答案。评价的标准原来是单一的，现在评价强调标准的多样性，标准是多元的、多维的、多角度的。

这里，我也想简单提一下中小学教科研的问题，这方面存在不少误区。有些地区规定教师的晋升、奖励要看教师写了多少论文。其实写论文不是教师的任务。中小学教师的教科研为了什么？为了促进教育的改革。为此，我们要强调中小学教科研"源于教改，促进教改"的原则。中小学教师教科研的课题要源于课堂、源于教育、源于教学，要服务于我们的教育，这是非常重要的指导思想，否则所谓的教科研就会跟教学争夺资源，不会促进教学，反而会影响教学。

学校德育的新探索

2007 年 4 月在华东师大二附中
德育研讨会上的讲演

社会的思想道德是影响社会发展的主要因素，应当承认当前我国社会思想道德的状况不容乐观。社会行为的失范导致学校德育的失效，学校德育的失效又加剧了社会行为的失范，这种恶性循环将会对我们的民族造成灾难性的后果。在这样一个背景下，华东师大二附中在提升学校德育实效性方面的探索就有着非常重要的现实意义。

一、情感形成的规律

思想道德包括人的态度、价值观，这都属于情感范畴。要研究怎么去提升德育，怎么去提升思想道德建设水平，就不能不了解人的情感是怎么形成的，就要从情感形成的规律中去探索学校学科教学中德育提升的办法。

关于人的情感发生、发展的过程，早在 20 世纪 60 年代美国学者克拉斯沃尔（Krathwohl, D. R.）等人就以教育目标分类的形式发表了他们的研究成果。克拉斯沃尔等人认为：情感目标就是"注重情调、情绪或接受与拒绝程度的目标。……我们发现，在文献中，这类目标有许多是用兴趣、态度、欣赏、价值观和情绪意向或倾向这类术语来表示的"。（〔美〕克拉斯沃尔、布卢姆等编，施良方等译，瞿葆奎校：《教育目标分类学（第二分册）：情感领域》，华东师范大学出版社 1989 年版，第 5 页）

根据他们的研究结果，情感目标可以分成以下 5 个方面：

1. 接受、注意（receiving，attending）。这一目标的行为特征表现为学生对某一现象敏感，表现出愿意接受或注意的倾向。比如，在课堂中注意听教师朗读诗歌。

2. 反应（responding）。这一目标的行为特征表现为学生具有足够的动机与兴趣，主动地作出反应。比如，对教师就诗歌内容所提出的问题主动地回答。

3. 价值的估价（valuing）。这一目标的行为特征表现为学生对某物或某事产生喜欢或厌恶的态度。比如，对诗歌产生了爱好，课余时间寻找各种诗歌来阅读。

4. 组织（organization）。这一目标的行为特征表现为学生把某一或某些价值认识综合到价值等级系统中去，并区分出它们的重要性程度。比如，把阅读诗歌看得比其他活动更为重要。

5. 由价值或价值复合体组成的性格化（characterization by a value or value complex）。这一目标的行为特征是某一价值或价值复合体为学生所内化，成为持久影响其行为的个性特征。比如，学生对诗歌的热爱到了被别人称为"诗歌迷"的程度。

按照克拉斯沃尔等人的研究，人的情感形成过程可以

与澳大利亚中学校长学会访华团合影（2007.11.4）

说是一种内化的过程，"用'内化（internalization）'这个术语似乎可以最好地描述这一过程或连续体……'内化'这个词，似乎是对现象或价值逐步地、普遍地成为个体的一部分这样一种过程的恰当的描述"。（同上注）

那么，这个过程是如何发生和发展的呢？克拉斯沃尔等人认为："情感连续体是从个体仅仅觉察到某种现象并能够知觉到它这样一个层次出发的。在下一个层次上，他愿意注意某些现象。再下一个层次，他对这些现象作出反应时具有积极的感情。最后，他的感情可能强烈到以特别努力的方式来作出反应。在这个进程的某一点上，他把自己的行为和感情概括化，并把这些概括化的东西组织成一个结构。这个结构不断增加复杂性，以至成为他的人生观。"（同上注）按照克拉斯沃尔等人的观点，人的情感就是这样一步步从接受开始，最终成为他的人格特征的一个过程。

关于情感发展的过程与目标，尽管不同的学者提出过各不相同的观点，但是，克拉斯沃尔等人的观点，被认为是最容易为教育工作者所接受，与人们对情感发生、发展的过程观察最为接近的。

上面这段论述可能过于学术化了一些，下面我根据自己对这些理论的理解，重新表述一下人的情感发展的 5 个阶段。

第一阶段：接受外部刺激。任何人的任何情感都是从接受外部刺激开始的。比如马克思主义、萨特存在主义等等哲学命题对学生来说都是刺激。在学科教学中，刺激就是教师在课堂上呈现的各种教学内容，学生的情感是在这个基础上形成的。不同的教学内容提供不同的刺激，它对学生思想态度的形成有着不同的影响。

第二阶段：在接受外部刺激的基础上，对不同的刺激作出不同的反应。一般来说，"接受"是被动的，"反应"则与此不同，它通常都是人们主动的行为。比如，学生对"存在主义"感到好奇，于是他就会去找萨特的哲学专著、文学作品来读，会主动去听萨特存在主义的哲学讲座。

人们对某一刺激有反应，对另一刺激没有反应，对一些刺激反应强烈，而对另一刺激反应淡薄，影响主体反应强弱的最重要的变量是什么呢？实践表明，人们所提供的刺激与反应主体的兴趣、好奇一致的程度，是影响外部刺激转化为人们反应的最重要因素。要引起人们对某一特定刺激的反应就要引起他们的好奇，使他们能对这一刺激产生新鲜的感觉，有种想去了解的冲动。

比如，马克思主义哲学认为：世界是物质的，物质是运动的，运动是有规律的。年轻人认为，这些观点都不错，但与我个人的生活没有关系，因而，引不起他们进一步学习的动机。萨特的存在主义说：他人是地狱。这对于正在走向社会，急欲了解人与人的关系的青年人来说，无疑有极大的诱惑，因此，他们就会有理解萨特存在主义哲学的冲动，就有可能自觉地参加各种有关萨特存在主义的学术活动。

到"反应"这一步为止，学生对外部事物的情感态度还是中性的。所谓中性是指主体对某一特定的客体既没有肯定，也没有否定；既没有接受，也没有拒绝。

学生对"存在主义"感到好奇，于是他就会去找萨特的哲学专著、文学作品来读，会主动去听萨特存在主义的哲学讲座第三阶段：对特定客体作出判断。所谓估价就是判断，即认定某一客体是好的还是坏的，是对的还是错的，是肯定它还是否定它，是接受它还是拒绝它。

人对特定客体的判断总是在自己体验或原有经验基础上作出的。个体的体验有多种形式，一是自己亲身的体验，即他所亲身经历的生活；二是他由对社会生活的观察引发的感受；三是自己的行为引发的社会评价，等等。

比如，一个贫困生走进学校，由于生活的贫困而受到学校与同学的歧视，他就很容易接受萨特存在主义"他人是地狱"的观点。相反，在学校他始终能得到老师无微不至的关心、同学的真诚帮助，他很自然地就会拒绝萨特存在主义的观点，相信"人间自有真情"的道理。

第四阶段：个别判断的体系化。在"估价"阶段，人们形成的判断是个别的。在体系化阶段，人们就开始把某一或某些价值认识综合到价值等级系统中去。比如，在有些人看来，行为目的是最重要的，他会为了救贫困的病人，不惜去偷钱。但在另一些人看来，手段和目的处在同样的等级之上，尽管他十分想帮助生命垂危的病人，但他绝不会用偷窃这种手段。观念的结构化的方式不同，导致人的观念体系的不同。"组织"就是把各种个别的判断综合成一个人的价值观体系，形成人生观、价值观、世界观的过程。

理解这一过程对提升思想道德教育的实效有着重要意义。比如爱国主义教育是思想道德教育的重要内容之一。热爱"生我养我的故乡"，这是爱国。热爱社会主义、共产党领导的中华人民共和国，这是另一层次上的爱国。后者已经是一个组织化的、体系化的判断和情感。

第五阶段：观念向信念的转化。这就是把观念与观念体系转化为个人的意志，变成自己的信仰。这是一个日积月累潜移默化的过程。把观念转化为信念不可能在一个早上完成。然而，人一旦形成了某种信念，他就会用这一信念指导自己的行为，甚至为这一信念抛头颅、洒鲜血也在所不惜。

二、新时期学生思想道德建设面临的新问题

由于社会的变迁，新时期我国未成年人思想道德建设面临着诸多新挑战与新问题。研究表明，这些挑战主要包括以下几个方面。

外部刺激的多元化

人的情感都是由外部刺激引起的。然而，转型期社会价值观念的多元化、数字化时代信息渠道的多元化，使得学校不再是学生获得外部刺激的唯一渠道，甚至不再是主要渠道。这给学校思想道德建设带来了极大的挑战。

当前，社会主流文化、非主流文化乃至反主流文化并存的现实，决定了社会多种价值观念并存的现实。一方面，以任长霞为代表的一批共产党人以其克己奉公的言行影响着引领着社会发展；另一方面，所谓富翁排行榜又使人们把谁富谁光荣奉为圭臬。这对于正在成长中的未成年

人来说，要在这一令人眼花缭乱的社会现象中正确地把握生活的本质，实在有些为难他们。

此外，以往学生的思想观念大多来自课本，来自课堂。进入多媒体时代以来，人们忽然发现各种新闻媒体，如电视与网络，以视听并举、极尽撩拨的方式刺激着未成年人的心灵与大脑。

迎合学生口味的商业运作，使学校德育丧失应有优势

正如我们前面所谈到的，学生对某一刺激有反应，对另一刺激没有反应，对一些刺激反应强烈，而对另一刺激反应淡薄，这取决于人们所提供的刺激与学生的兴趣、好奇一致的程度。要引起学生对某一特定刺激的反应就要引起他们的好奇，使他们能对这一刺激产生新鲜的感觉，有一种想去了解的冲动。

青春期学生的好奇心、新鲜感与冲动决定了简单重复，包括内容的重复、方式的重复以及活动范围的重复的事物，很难引起他们积极的反应。很遗憾在不少学校，这恰恰是德育活动的真实场景。

社会行为的失范，以及独生子女在家庭中的特殊地位，使学生很难形成学校预期的判断

学生对某一道德问题的判断总是在自己经验与经历的基础上形成的。当前社会上存在的一定程度的腐败现象、一些成年人不良的生活方式，使学生得到的是与学校道德说教并不相同甚至相反的体验。

> 青春期学生的好奇心、新鲜感与冲动决定了简单重复，包括内容的重复、方式的重复以及活动范围的重复的事物，很难引起他们积极的反应

教师作为与学生交往最多的成年人，他们的言行对学生有着更人的影响。很遗憾，当前在我们教师中有些人思想道德水平并不很高，他们失范的个人行为直接影响了学生人生态度的形成。

　　尤其是目前在我国高中，90%以上的学生都是独生子女。他们在家庭中的独特地位使他们很容易形成自我中心、唯我独尊的心理。对自己不负责，对他人不感恩，这是其中不少人的现状。随着我国中小学教师队伍的年轻化，当前，不少学校教师中独生子女的比例也越来越高。这批在独生子女家庭中成长起来的学生与教师的相互影响，给我国中小学思想道德建设带来了新的问题。

教育的分割与无序、针对性的缺失 造成学生观念体系的混乱

　　在不少学校，很多人理所当然地认为：学科教师是负责学生认知发展的，也就是负责智育的，德育或者思想道德教育则是班主任的事情。德育与智育成了各不相关的两张皮，这就是"教育的分割"。分割的教育往往是低效的教育。其实学科教学中的德育通常是最有效的德育。"教书育人"是教师的天职。教书育人是教书和育人的统一，是教师以教书为手段，实现育人目标的活动，是完善学生人格与提升学生智慧相统一的过程。下面我们还要谈到"学科教学中德育功能开发"的问题，这一问题就是针对"教育的分割"而提出的。

　　人的情感、态度与价值观的发展也是有规律的。所谓

有规律就包含着有层次、有次序。遗憾的是，作为教育工作者，我们对学校德育的层次性还缺乏深刻的认识，在德育活动的安排上具有很大的随意性，这就很容易造成学生价值观念体系的混乱。

对教育效果的短期追求，难以使学生形成坚定的人生信念

让学生形成正确的价值观念不易，使学生将正确的价值观念转化为人生信仰更难。教育是一项指向长远的事业。然而，目前社会上的浮躁心理与急功好利的行为方式在很大程度上影响着学校教育。人们试图在一个早上创造出教育的奇迹，一直在追求短期内"创造"出思想道德上的政绩，而无视学生思想道德发展的规律。显然，这对学生形成坚定的人生信念是非常不利的。

三、学校德育途径的新探索

华东师大二附中的德育是全方位的，他们提出：学校德育绝不能游离在学校师生生活之外，德育必须与学校生活结合，必须与当代社会结合，必须与师生的日常行为结合。他们致力于一种"无痕"的德育，尤其注重学科教学中的德育，他们把这叫作"学科德育"。实践表明，这种德育才抓住了学校德育的本质，是提升学校德育实效的最有效途径。

提升学校德育实效离不开课堂，离不开教学。学科教学的德育功能是客观存在的，有效的学科教学客观存在着德育功能。把原来被人们忽视的这一功能充分地挖掘出

让学生形成正确的价值观念不易，使学生将正确的价值观念转化为人生信仰更难

来，使它从潜在功能变成现实功能，这就是学科教学德育功能"开发"的问题。有人喜欢说"学科渗透"，"渗透"是把某一事物从外部加入到另一事物之中，显然，这不符合学科教学具有多重功能的事实。学校如何开发学科德育功能呢？根据人的情感形成规律，教学德育功能的开发可以从下述几个方面入手。

精心选择外部刺激，提高学科教学的"品位"

学科教学在不同水平上有不同的"品位"。语言教学如果仅仅停留在字、词、句的层面上，自然就无法呈现这篇文章的意境，学生也就难以体会到它的深刻的思想内涵。从这个意义上说，课堂教学的品位是对教学任务整体把握的产物。在整体把握的过程中，教师的任务是在课堂所提供的全部刺激中去选择期望引起学生反应的东西。

比如，在理科的教学中，教师应当结合学科发展史的教学，培养学生严谨的科学态度和科学精神；通过深化教学内容，培养学生辩证唯物主义的世界观。理科是培养学生辩证唯物主义世界观的最好教材。例如数学是由概念、原理、定理构成的知识体系，它同样也是价值观的体现，是认识事物、认识自然的一种工具，是加强对学生辩证唯物主义世界观教育的重要载体。

文科包含的内容更多，爱国主义、社会意识、责任意识、爱心、诚信等等各方面，都是在课程中广泛存在的，教师有意识地让学生感知教材中的这些内容与刺激，是提升德育功能的第一步。

把原来被人们忽视的这一功能充分地挖掘出来，使它从潜在功能变成现实功能，这就是学科教学德育功能"开发"的问题

努力激活学生对刺激的认知和认识

努力激活学生对刺激的认知和认识，即引发学生对内容的反应。产生反应的前提是对内容产生好奇、冲动，留下深刻的影响。

从认知的角度来说，刺激转化为学生的反应，依赖于学生对刺激本身的好奇、新鲜感和认知的冲动。在这个意义上说，要结合学生对刺激的认识，教师才有可能作出预期的反应和行为。所以不管文科还是理科，在内容选择和表述的时候要强调内容的"三味"——口味、美味、鲜味。在整个德育功能开发的过程中，教师一定要从学生出发，选择最恰当的手段和途径，让学生产生认识的冲动，作出积极的反应。

在教学中重现"三味"，有两个问题要关注，一个是防止"贴标签"。"文革"前后一段时间把德育功能简单化，贴标签的结果只能引起学生的逆反心理。第二个问题是避免简单重复——方法和内容的重复，这很可能会引起认识的疲劳。

积极强化预期的学生反应

积极强化预期的学生反应，是为了引起学生作出预期的判断。

引起学生积极的反应以后，要强化对预期行为的肯定，才能使其产生我们所需要的估价。作为教师，在课堂上要对学生行为及时作出评价和判断，这个评价和判断要引起学生形成我们期望的观念，这里有三项工作值得我们推敲。

第一，强化对学生预期行为的肯定。首先要"肯定"，教师要不惜自己赞扬的语句，肯定比否定更能达到教育的目标，学生需要自信。在教学中，"失败是成功之母"是不成立的，成功才是成功之母。建议教师多看学生的优点和长处，学会欣赏学生。

管理学上有一条原理：对非预期的行为，人们会有意地忽视它。"视而不见"，有时是一种很好的教学策略，除非这些非预期的行为严重地干扰了教学，否则就不要管它。

第二，强化必须及时在集体中进行，即在班级里、在学生的群体中进行。在课堂中的及时表扬，可以通过一个教育一批。要达到教育学生的目的，就尽可能使教学功能最大化，其中最重要的途径就是在集体中对学生进行教育，这可以起到放大教育功能的作用。

第三，强化可以有多种形式。教师的教学语言有多种，第一种是自然语言（"很好!""真棒!"）；第二种是科学语言（科学符号等）；第三种是肢体语言（微笑、点头等），善用肢体语言可以在最短的时间里取得最大效果，节省自然表述的时间；第四种是艺术语言（图片、舞蹈、歌唱等），应用于特定的场合；第五种是网络语言。多种语言的综合运用可以在很大程度上增强教育的效果。

系统设计教学目标体系

这里主要指思想道德建设的目标体系。所谓系统设计主要是基于从认知过程中怎么使学生更好地形成我们预期的价值观体系，而提出的一个任务。其目的是帮助学生形成正确的价值观。

为了便于理解，我们把它放在"组织"这一阶段里来讨论。然而，在实际工作中，教师应该在一个学年或一个学期备课时就做好，就整体地分析课程具有哪些德育的意义和内容，然后把它概括、提炼为德育的目标，即整体设计，分步操作，从而使学生到这个阶段就能形成一个观念的体系。所以设计教学目标体系虽然放在第四点来谈，但其实它是第一点里的工作，是非常重要的。

形式多样，潜移默化，坚定学生预期信念

学生信念的形成不可能一蹴而就。试图在一个早上让学生形成坚定的信念，这是违反情感发生发展的客观规律的。在学校教育的过程中，除了教师课堂教学中的理论解说外，怎么利用多种教育途径和形式，使得学生的信念一点一点得到积累，是需要认真研究的问题。目前学科教学中经常使用的方法有小品表演、实地参观、社会调查、对手辩论等形式。

小品表演：寓教于乐，让学生自己扮演一些特定的角色，经历特定的场景，从中受到特定的教育。

社会调查：使学生更深切地了解社会，同时，它通过

团队活动，可以有效地培养学生的合作意识与团队精神。

实地参观：会给学生以强烈的震撼，能起到任何语言都难以起到的作用。

对手辩论：可以使学生自己教育自己，符合学生的口味，容易为学生接受。

四、学科教学德育功能的开发对教师的要求

作为教师，要努力提升学科教学的实效，开发学科教学的德育功能，有几个方面需要关注。

教师的品位决定了教学的品位

教师自身要对外部刺激敏感，要对学生的状态敏感。教师自己对教学内容、德育缺少敏感性，不知道教学内容本身可以提供什么刺激，就不可能有效地去设计与选择刺激。从这个意义上来说，教师要提升自己的品位。从学科教学的德育功能来说，教师首先要提升对外部刺激的敏感性。教师自己能够感受到，才能把这种感受传递给学生。第二，要提升对学生状态的敏感性，这样才可能把自己对刺激的理解转化为学生对刺激的理解，否则，只是自己的理解而已。

教师的情感决定了教学的情感

爱心只有爱心才能唤醒，诚信要靠诚信加以教育，感情只有感情才能激活。情绪是靠感染的，教师的情绪、情

感决定了教学的情感。教师没有情感，学生的情感是调动不起来的。教师在课堂教学中开发德育功能的能力取决于他调动学生情感的能力。

教师的专业精神决定了学科德育效果

教师能力的提升包括专业精神、专业修养、专业技能与专业知识等各个方面的提升。教师的能力包括判断能力、表达能力、组织能力，它不是一个单维的概念，在开发学科德育功能的过程中，教师的专业精神、专业修养与专业技能比专业知识更为重要。因为，它们决定了教师能否关注学生作为人的全面的发展。

一流学校的建设

2007 年 6 月在广东中山市
学校优质化工程启动仪式上的讲演

　　各位校长，我相信大家既然承担一校之长的重要任务，就一定有着把学校办成一流学校的期望。然而，什么样的学校才是一流的学校，怎样才能办出一流的学校？这并不是一个容易回答的问题。为此，我想借这个机会与大家共同作些探讨。

一、一流学校建设的基本理念与主要内容

一流学校建设的基本理念

一流学校的建设本来就是一个动态的过程。在当前这样一个充满变动的时代，任何一个自以为是，满足于眼前"第一"的学校，落伍是有必然性的。不进则退是必然规律。为此，在一流学校建设的过程中，我们要坚持一个最基本的理念："最好"是一时的标志，"更好"是永恒的追求。努力促进学校"今天比昨天好"、"明天比今天好"、"一天比一天好"，"让学校做得更好"应当是建设一流学校过程中，学校全体师生员工的自觉追求。"追求卓越、拒绝平庸、超越自我"应当成为学校及其每一个成员的人生目标。

> 卓越的成果源于对卓越的追求，对个人是如此，对组织也是如此。

一流学校建设的主要内容

"让学校做得更好"就是要让学校更有朝气，让师生更添智慧，让学校更具美感，让教育更富创造，让员工更加和谐。

1. 让学校更有朝气。俗话说：求其上者得其中，求其中者得其下。确实，这是社会生活中的一般真理。"识大势、立大志、干大事、成大师"，就是说，成大事者必先要认识社会发展的大趋势，树立大志向，具有大抱负，才能干出一番大事业。卓越的成果源于对卓越的追求，对个人是如此，对组织也是如此。因此，提升一个人要从提升

第五期中学骨干校长海外（英国）高级研修班学员合影（2007.10.25）

其人生目标开始，提升一个组织就要从提升其精神追求入手。卓越的学校要有追求卓越的校园精神，要有一批追求卓越的教师，要有一批追求卓越的学生。改变一个学校要改变这个学校的校园精神，改变一个教师要改变他的价值追求，改变一个学生要改变他的人生目标。让学校更卓越首先要让学校充满追求卓越的精神，让学校变得更有朝气。

在我们看来，这是一流学校建设中最重要的方面。这也就是为什么在我们与中山市教育局合作的一期工程中，特别建议 15 所项目学校把制定学校"十一五"发展规划、教师个人发展计划和学生成材计划作为工作的第一步。这一工作的实质是明确学校的发展目标，提升教师与学生的精神追求。这些活动取得了很好的效果。它的效果并不在于学校、教师和学生有了以文字形式存在的这些东西，而是在于学校师生精神面貌发生了很大的变化，教师有了研究课堂的极大的动力，学生有了努力成材的强烈愿望，这就为学校的发展和教育质量的提升奠定了坚实的基础。

2. 让师生更添智慧。教育是一个传递智慧的过程，是一代人把智慧传递给下一代人的过程。智慧的传递需要教育工作者的智慧，需要他们以智慧的手段和智慧的方式传递智慧，否则，智慧在传递过程中就会七折八扣。因此，要提升教育首先要提升教师，要提升教育智慧首先要提升教师的智慧。教育工作的性质决定教师不能只是一个教书匠，不能年复一年地重复自己的教案。他们应当成为教育活动的创造者，他们应当能够根据教学内容的变动、学生特点的变化，创造性地进行教学。

实践表明，教师智慧的提升可以通过下述 5 个方面来达成：

(1) 反思教学实践，在总结经验中提升自己；

(2) 坚持教学相长，在师生交往中发展自己；

(3) 尊重同行教师，在借鉴他人中完善自己；

(4) 学习教育理论，在理性认识中丰富自己；

(5) 投身教学研究，在把握规律中端正自己。

当然，教育更是一个不断提升学生智慧的过程。提升学生的智慧离不开完善学生的人格。因此，教育同时也是不断完善学生人格的过程。完善学生的人格既是教育的重要目的，也是提升学生智慧的重要手段。有些人不懂得这一道理，往往就学生的认知而谈认知，就学生的学业谈学业，其实忽视了学生的人格，学生的认知发展与学业成绩的提高是很难的。学生缺乏学习的动力和克服困难的毅力，其认知发展就有可能受到很大影响。在这一意义上，教育是一个学生智慧提升与人格完善统一的过程。提升学生的智慧也需要我们教育工作者充分地注意学生人格的完善。

教育是一个循序渐进的过程，提升学生的智慧就要注意学生每一步的发展。只有学生每一步的发展得到保证，学生的成材才能得到保证，只有教学的每一环节得到保证，教学质量才能得到保证。在每所学校都会存在一些相对的所谓差生。差生是天生的吗？我相信大家的回答一定是否定的。事实告诉我们：差生不是天生的，也不是一个早晨突然形成的。差生是每堂课、每一天比别人差一步积累而成的。每天比别人差一步，最终就导致了他成为"差生"。在我们给大家的学生问卷调查表中，有这样两道题：

（1）最近一段时间，我内心一直感到十分烦躁，做习题时，大部分时候都感到不顺手。

（2）最近一段时间以来，自我感觉情绪比较低，对老师课堂上讲的内容一直处在似懂非懂的状态。

研究结果表明，凡是在这两个问题上学生持肯定态度比例高的学校，其课堂教学质量都是有问题的。长期处在

> 学生缺乏学习的动力和克服困难的毅力，其认知发展就有可能受到很大影响

似懂非懂的状态，学生发展，包括学生的学业成绩就不可能得到保证。所以，关注学生的发展就要关注学生每一步的发展。保证学生每一步的发展是保证学生终身发展的需要。

学校应当是最美的世界，是世界上最美的地方

3. 让学校更具美感。学校应当是最美的世界，是世界上最美的地方。因为，学校是提升人的地方，美是提升人性最有效的手段之一。前苏联教育家苏霍姆林斯基谈到美和美育时说："美是人的道德财富的源泉。……学校的任务就是要在孩提时期，在神经系统幼年期，使美成为德育的有力手段，成为真正人性的源泉。"

学校美的建设有自身的规律。就学校的环境美而言，中山纪念中学在他们多年实践基础上总结了几条非常重要的原则。这些原则在我看来是十分有道理的。

（1）在继承基础上积极进取创造的原则。历史总是在不断发展的，通过对传统文化的选择、改造、发展和继承来实现的。作为现代一流的校园文化，应该既有优秀传统文化的继承，也应该有现代文化的发展。能把这两者结合起来的学校才有可能是最美的学校。

（2）教育性与艺术性相结合的原则。一方面学校校园建设有自身的特点，环境对人的影响不同于课堂教学，因此，要以学生喜闻乐见的形式来建设校园，要十分讲究学校校园建设的艺术性，以校园之美，促进学生德智体诸方面的发展。另一方面，学校校园建设立意要高，不能就环境论环境，要注意从培养高素质的现代化人才的高度来研究学校校园文化建设的问题。这就是说，校园文化的建设

要充分注意它的教育性。没有教育性的校园文化是没有灵魂的文化。这一点决定了我们在校园建筑、园林、景点等的设计和建造中，要注意其文化内涵和美感，使校园每时、每处、每事、每物都具有一定的教育意义，经常不断地对学生进行良性刺激，促进他们高尚情操、文明举止的形成，同时注意它的整体性和艺术性，把教育性和艺术性高度地结合起来。

（3）硬件建设与软件建设并重的原则。有人把校园的建设仅仅看作校舍的更新、校园的绿化与美化以及各种校园景观的设置。其实这种看法是十分片面的。在校园建设过程中硬件是重要的，然而，校园文化由物质文化与精神文化两方面组成，这两方面缺一不可，它们对学生的成长都有重要的影响，并且，这两方面是相互作用，相互影响的。学校的物质文化水平体现了精神文化的水平，在很大程度上反映学校精神文化达到的高度。精神文化受物质文化的制约，但又引导着物质文化的发展。为此，学校在校园建设的过程中，要坚持物质文化与精神文化并重，即硬件与软件两手抓的方针。一方面积极抓好校园校舍与各种校园景观的建设，另一方面又积极抓好以校园精神为核心的软件建设，使学校之美真正成为重要的教育资源。

（4）领导重视与全员参与相结合的原则。经验表明，领导重视是搞好学校校园建设的重要保证。学校领导亲自抓，学校校园文化建设就有希望，就有人力与物力的保证。然而，只有领导的积极性而没有广大师生员工的积极性，学校校园文化建设也很难持久推进。因此，学校校园文化必须要坚持领导带头与师生员工全员参与相结合的原则。

当教育超越了知识传递这一唯一功能的时候，教师的工作就是要实现文化的融合、精神的建构

师生员工共同参与校园文化的建设，既是搞好校园文化建设的必要措施，又是最大程度地发挥校园文化的育人功能，培养优秀人才的需要。为此，学校要十分注意发动教师和学生积极参与，调动他们参与校园建设、优化育人环境的积极性和主动性。

校园之美不仅在于环境之美，更重要的在于校园的精神之美。关于学校精神之美，下面我们将结合和谐校园的建设再作讨论。

4. 让教育更富创造。随着当代社会的发展，创新对一个国家和民族发展的意义越来越突出，培养创造性人才成为世界教育改革的一个共同目标。培养创造性人才，更加需要教师创造性的发挥。其实，创造是人的天性，人类经济生活的维系从物的依赖转向对知识创新的依赖，标志着人类文明进入新的历史时代，这个时代对教育提出的全新要求，导致了世界范围内教育的深刻的历史性变革，这场变革对教师工作的创造性提出了前所未有的要求。没有教师创造性的充分发挥，教育改革不可能真正取得成功。任何教育改革最终都需要落实到教师的教育实践活动中，当教育超越了知识传递这一唯一功能的时候，教师的工作就是要实现文化的融合、精神的建构。现代教育改革强调对人的关注，重视学生个性的发展，如果在这样的情况下，我们教育工作者仍然墨守成规，不懂得创造，那肯定是无法胜任这一工作的，是无法满足社会对教育提出的新要

求、新挑战的。因此现代教育提出了教师应当成为研究者、创造者的新要求。

促进教师的创造，学校可以从建立教学反思制度、校本研修制度入手，创设学校"教学创新论坛"，为教师在教育教学中的创造提供激励的机制与交流的平台，不断提升教师创造的意识与能力，为学校稳定与可持续的发展奠定基础。

5. 让人际更加和谐。学校是社会的一个细胞，和谐的社会需要有和谐的校园，和谐的校园是和谐社会的重要组成部分。和谐的校园才能使师生员工在其中愉快地工作，舒适地生活，才能使校园成为师生员工的精神家园。构建和谐校园关键在以下几个方面：

（1）善待师生。这是对学校管理者和教育工作者的要求。在以人为本的社会中，学校教育要以学生为本，学校管理要以教师为本。教师是以学生的存在为前提的，同样，管理者以教师的存在为前提。当然，教师要引领学生的发展，管理者要推动教师的前进。然而，这一切都不能成为学校虐待教师与学生的理由。

善待师生就要站在教师与学生的立场去考虑。学校当然要考虑组织发展的目标，但是，学校也不能忘记师生个体的需要。个体目标与组织目标是相辅相成的。善待师生就要从师生的需要出发，从他们身心发展的客观规律出发，使学校成为他们享受生活的精神家园。

（2）崇尚宽容。宽容的基础是大度，宽容的结果是和谐，是团结。如果我们的教职员工都斤斤计较，整天沉迷

> 学校当然要考虑组织发展的目标，但是，学校也不能忘记师生个体的需要

于个人的一些私利，无原则地内耗，我想，这个校园就其精神层面而言，是没有美可言的，在这样的校园里生活实在是在受罪。

讲宽容就要讲理解。每个人的生活习惯、工作方式各不一样。在大多数的情况下，这种不同的生活习惯与工作方式并没有原则性的问题。理解了这点，理解了别人，也就容易在与人的相处过程中形成宽容的氛围。

（3）善于妥协。因为我们崇尚宽容，所以就会有另一个命题：善于妥协。现在社会，每个人都有着追求自己名、追求自己利这样的一种动力。现实社会也承认每个人追求自己名和利的合理性和合法性。所以个人和个人之间，个人和组织之间，组织和组织之间，都有可能产生各种矛盾和冲突。矛盾和冲突的存在是客观的现实，矛盾和冲突的存在，也是事物发展的必然。所以，在这个意义上讲，我们没必要害怕，或者并不需要过多地担忧学校存在的矛盾和冲突。但是，我们提倡冲突的各方要善于妥协，人们说"退一步海阔天空"。学会妥协，事实上就是学会了和谐，学会了团结，学会了创造一种宽容的、宽松的环境，为自己愉悦地享受生活、享受工作创造最好的条件。

此外，"善于妥协"的一个重要方面就是得理也要让人。得理让人，是给别人以时间，给自己留余地的重要做法。得理，就是你掌握了真理，或者说，道理在你这边，然而，即使在你掌握了百分之百真理的情况下，你也应该懂得人们接受真理是需要过程，需要时间的。给别人时间以接受真理，是避免矛盾激化，避免因情感对立而使对方死不认理的需要。更何况，有很多时候，你自以为是地认定的真理，其实并不一定是真理。这时候的妥协就是给自己挽回错误留下余地。当然，说崇尚宽容、善于妥协，并不是要我们不讲原则、安于现状，而是强调人和人之间如何相处的一般道理。

（4）学会等待。现代社会总体比较浮躁。各种媒体所展现的"一夜成名"、"一夜暴富"的典型，使不少人产生了各种错觉：成名定有很多捷径可走，利益能由炒作来获得。不可否认，现代社会确实存在着这样的现象。但是，这种"一夜成名"、"一夜暴富"往往只是昙花一现，且与许多社会条件联系在一起，成功的概率极低。

作为社会文明的传承者，对于我们教师与教育管理工作者来说，要成就一番大事业就要学会等待。

"等待"首先意味着要等待成熟，要学会在教育教学工作中，不断地积累，不断地丰富自己，只有这样我们的人生价值才能真正地得到实现。

"等待"其次意味着要等待机会。"水到渠成，瓜熟蒂落"，时机成熟了，一切就会自然降临。

"等待"最后还意味着要等待社会的承认。知识分子的人格特征决定了他们非常看重社会与有关领导对自己工作成就的承认。然而，社会对人的工作成就的认可、接受与承认是需要一个过程的。一些诺贝尔奖的获得者，他们的工作成就往往是在十几年，甚至几十年后才得到学术界的承认就是最好的例子。学会等待应当成为现代人基本的品质。

（5）追求高尚。人品有高下之分，艺术有雅郑之别。追求高尚，就是要鄙视劣行、鄙视低下。假如一个学校的教师，没有一种高尚的追求，那么，要办成一流的学校，办成一流的教育，培养一流的学生是不可能的。

（6）淡薄名利。现代社会承认每个追求自己名利的合理性与合法性。淡薄名利不是不要名利，而是建议人们不要太在乎名利，对名利要介于有意与无意之间。其实社会生活告诉我们，在名利问题上，不在乎名利可能就能得到名利，太在乎名利，斤斤计较个人名利的人往往反而得不到。我国古代先哲老子曾经说过，圣人"以不争先而领先，以无私而成其私"，这是很有道理的。它揭示了社会生活中的一个真理：克服浮躁心理，力戒短期行为，不为名利所动，这才能成就大事业，取得大成果。

二、一流学校的建设与学校的核心竞争力

一流学校的建设离不开人的因素，离不开人的精神，同样也离不开人的能力。从中小学来说，学校的能力包括学校领导的管理能力、教师的教育教学能力与后勤人员的服务能力。其中最重要的是学校领导的管理能力与教师的教育教学能力。下面我们来谈谈一流学校建设过程中的学校领导力与教师教育教学能力提升的问题。这里我们先谈学校的领导力与核心竞争力提升的问题。

学校的竞争力

学校与学校的竞争在一定程度上可以说是学校以校长为首的领导班子的领导力的竞争。那么，学校领导班子的哪些能力构成了学校主要领导力呢？实践表明，以下几个方面对于学校来说是至关重要的。

1. 战略思维能力。即能从宏观上把握教育发展趋势与走向的能力，能够从我国政治、经济、科技、文化发展需要的高度认识社会对人才的需要，并在此基础上确立正确的人才观、教育观与教育质量观。战略思维能力还包括学校在自身历史发展基础上根据学校自身的文化特质确定办学目标与办学特色的能力。这一能力至关重要，它决定了一定时期学校发展的走向。

2. 组织协调能力。这又包括组织能力与协调能力两个方面。所谓组织能力就是学校能够根据国家的教育方针和既定的办学目标与办学思想去组织学校的教育教学活动的能力。国家的教育方针和学校既定的办学目标与办学思想不会自动地实现，它需要学校领导通过有效的管理活动把它转化为学校教职员工的办学行为，使国家的教育方针和学校既定的办学目标与办学思想通过全体教职员工的努力在实践中得到真正的实现。

学校在办学过程中必然会遇到各种矛盾与需要妥善处理的各种关系，包括组织与个体的关系、个体与个体的关系、学校与社区的关系、学校与家长的关系，乃至学校短期利益与长期利益等等各方面的关系。正确处理这些矛盾与关系的能力就是学校领导的协调能力。

3. 课程开发与教学指导能力。课程与课堂教学是学校实现教育目标的基本途径。因而，要提升学校就要有效地提升课程与课堂教学的质量。无论在哪一个意义上，对于学校领导来说，提升自己的能力第一位的就是要提升自己的课程与课堂教学的指导能力。由于这一问题的特殊重要性，我们在下面将作进一步的论述。

4. 对学校现状的评价与诊断能力。学校与任何社会组织一样，在发展的不同时期会碰到各种不同的问题。能准确地找到在不同时期学校发展的问题所在，以及引起问题的根源，这是有效改进学校工作，不断地把学校带向新阶段，切实推动学校发展的基础。找到学校发展中的问题的能力就是学校领导的评价能力；确诊问题的症结所在的能力是学校领导诊断问题的能力。对学校现状的评价与诊断能力的高低是学校领导力的重要表现。它对学校是否可持续地发展有着重要影响。

5. 争取社会支持的能力。现代学校处在开放的社会中，现代学校离不开社会的支持。学校办得好，社会就愿意为学校提供支持。在这一意义上，社会支持程度的大小是学校办学水平高低的标志；社会支持强度大学校就更容易办得好。在这一意义上，社会支持力度的强弱是学校能否办得更好的条件。所以，现代学校要重视社会的支持，努力争取社会的支持。现代学校的领导要努力提高自己争取社会支持的能力。

不要以为社会的支持就是社会对学校财力与物力的支

持。社会对学校的支持还包括社会智力对学校的支持与社会舆论对学校的支持。专家学者、社会名流经常到学校讲学，与学生、教师座谈，这不仅对提升学校的学术氛围十分有利，而且对极大地提升学校师生的精神追求有重要意义。学校品牌是以质量为基础，以特色为依据，以社会公认为标志的。学校品牌的形成也是如此。因而，我们要提升学校的品牌就要注重学校在公众中的形象，注意社会舆论对学校工作的支持。

学校的核心竞争力

在上述各种能力中，学校领导的课程开发与教学指导能力无疑是学校竞争能力的核心。

课程与课堂是实现教育目标的主要渠道与基本途径，没有科学的学校课程的设置与有效的课堂教学，教学质量是不可能得到保障的。学校间的竞争在根本上决定于学校课程与课堂教学的竞争。在这一意义上，学校领导力的核心理所当然地应当体现在对课程与课堂教学的指导能力上。

此外，更重要的是，在学校所有的竞争力中，学校领导的课程开发与教学指导能力具有"不可替代"的重要特性。无论是政府官员还是企业高管都需要有突出的战略思维的能力，在某种程度上可以说，他们有着比校长更强的组织协调能力，否则政府与企业的运作都有可能产生问题。企业是一种比学校更具变动性的组织，千变万化的市场要求他们能对发展变化的现状及时地作出评价，否则他

> 在这一意义上，学校领导力的核心理所当然地应当体现在对课程与课堂教学的指导能力上

们就不得不面临被淘汰出局的危险。在学校校长的领导力中，组织课程开发与指导课堂教学的能力是校长作为专业人员不可替代的根本所在，如果一个校长不具备这样的能力，他就随时有可能被别人取代。在英文中，校长被称作"Headteacher"，其意就是领头的教师。政府官员与企业高管都可以不懂课程与课堂教学，但是，学校领导却不能不懂课程与课堂教学，否则他们就不可能成为合格的学校领导人与管理者。因而，一流的校长必须要有领导学校课程编制的能力，有指导教师实施课程改革的能力。

课程开发与教学指导能力具体地说包括组织学校课程编制的能力、课堂教学的指导能力与促进教师发展的能力。

1. 领导课程发展的能力。课程改革是实施素质教育的突破口。为此，学校领导千万不能把课程改革只看作教学内容的改革，其实，它是我国中小学人才培养模式改革的把手。对于学生来说，课程改革为他们创新精神与实践能力的发展提供了广阔的空间；对于教师来说，课程改革为他们的专业成长与人生价值的实现提供了极大的舞台。对于学校来说，课程改革为它们提供了全新的发展机遇。因此，一个称职的校长一定要以强烈的历史使命感与责任心担负起领导课程改革的重任，并以课程改革的成果激励学生与教师以更大的热情投身于课程改革。学校领导者领导课程发展的能力又包括以下几个方面：

（1）激励教师积极参与课程改革的能力。课程改革是一个需要耗费教师巨大精力的活动。对旧教材、旧教法，教师驾轻就熟，得心应手，如今对包括教学内容在内的教学模式作新探索、新尝试，这当然需要耗费教师相当的时间与精力。教师额外的投入，学校能给他们什么额外的报酬？没有额外的报酬，教师愿意投入额外的精力吗？不可否认，在任何学校都有一些教师是安于现状的，他们并没有强烈的改革的动力。如何把绝大部分教师的积极性与主动性调动起来，使他们能以巨大的热情投身课改，这是任何一个学校领导需要考虑的重要问题。把课改的过程作为教师专业发展的过程，可能是学校建立课改动力机制最有效的途径。关于这点，我们下面结合教师专业发展问题再谈。

（2）组织校本课程开发的能力。当前我国基础教育课程改革的一个重要特点就是形成了国家、地方与学校共同管理的基本框架。校本课程的开发是一项艰巨的也是充满挑战的工作。校本课程要反映学校的特色，教师的特长与学生的兴趣爱好。从中小学来说，在短期内要开发出完整的课程是有困难的。从微型课程入手，逐步地完善与形成校本课程的体系，可能是最有效的策略。所谓微型课程就是片断的课程，往往只有 2～3 个学时的课程。比如，现在有不少学生喜欢网球，学校就开设一门"网球常识"，讲一讲网球的起源、网球运动的规则、网球运动的要点等等。我相信，这类课程是一定能得到学生欢迎的。并且，随着这种微型课程的不断积累，学校其他类型的课程才有可能得到真正的完善。

学校校本课程的开发，其实还包含另一概念：国家课程的校本开发，或者叫"国家课程的二次开发"。每一个学生的学习基础、学习习惯以及学习动机等等都是不一样的，所以学校要以最适合学生的方式对国家课程作出适合学生特点的安排。其实，国家课程的校本开发是影响学校教育教学质量最重要的因素。为此，学校领导要努力提升自己指导教师根据学生的实际对国家课程进行二次开发的能力。

（3）不断优化学校课程的管理能力。从建立完善的课程管理的制度与机制入手，以不断提高学校课程的质量，这一能力就是学校领导的课程管理能力。以课程超市作为校本课程管理的方式，逐步建立课程改革的质量保障体系，这可能是优化学校校本课程的有效途径之一。现在，我国不少中小学在这些方面已经作了不少努力。我相信，我们中山的教育同仁一定会创造出新的经验。

2. 课堂教学的指导能力。能有效地指导课堂教学，就能有效地提升学校的教学质量。因而，指导课堂教学的能力理所当然地应当成为学校领导的基本能力。课堂教学的指导能力包括引导教师转变教学观念、转换教学模式、提高教学技能的能力等多方面的内容。这涉及课堂教学的很多具体问题，以后有机会，再与大家共同讨论。

3. 促进教师专业发展的能力。教师专业发展在今天已经不再是一个陌生的话题，人们对教师的专业发展的认识越来越趋于一致，但长期以来，人们更多地从教师本身讨论教师的专业发展问题，将教师的发展更多地作为教师个人的职业发展来讨论。由此导致了学校发展与教师专业发

指导课堂教学的能力理所当然地应当成为学校领导的基本能力

展之间的矛盾。从一流学校建设的角度来说，学校发展与教师的专业发展应当是统一的，学校的发展需要教师的专业发展，教师的专业发展需要学校发展的支撑，只有将学校发展与教师专业发展结合起来，才能建立学校和教师双赢的发展机制。

那么，什么是教师的专业发展？在现代意义上，教师的专业发展是教师在充分认识教育工作意义的基础上，不断提升专业精神，增强专业修养，强化专业技能，拓展专业知识的过程，是教师充分实现自身人生价值、服务社会造福人类的过程。因而，促进教师的专业发展要从这些方面入手：

（1）专业精神的提升。人是要有些精神的，对于教师来说最重要的精神就是追求卓越的精神。一个人对生活的追求会变成他工作与生活的动力，这种动力在很大程度上决定了他个人发展的程度与他的事业能达到的高度。

教育是一项事关社会文明传承的伟大事业。教师"追求卓越"的人生期望应当而且只能与我国教育事业的发展结合起来。他们的追求应当是建立在强烈的使命感与历史责任感基础之上的。作为人生价值追求的主要部分，教师都应当具备科学的人才观、教育观与质量观，具有执行党的教育方针、贯彻实施素质教育的自觉性，坚持"教育为人民服务"的宗旨，努力办好让人民满意的教育。

教师的专业精神还体现在他们对自己专业的忠诚上。教师专业的忠诚表现为一种敬业精神，表现为对自己职业的一种献身精神和负责精神。教育对当今社会的影响决定

人是要有些精神的，对于教师来说最重要的精神就是追求卓越的精神

了教师是负有重要社会责任的职业，对专业的忠诚就是对社会的负责。教育活动的复杂性决定了任何教育方案都不可能是完美无缺的，也没有适合各种情况的教育方案，尤其是现代的班级集体授课制度下，要面对多样化的学生，要保证每位学生个性的充分发展，没有教师的高度的责任心和敬业精神是无论如何也做不到的。在当前的教育改革实践中，没有教师充满热情、高度负责的配合，教育改革就难以取得预期效果。

对专业的忠诚就是对社会的负责

（2）专业修养的增强。古往今来教师就是一项与社会道德密切相关的工作，作为"为人师表"的教师，经常被当成社会道德的化身，社会在给予教师应有尊重的同时对教师职业的纯洁性、高尚性有高于社会其他职业的期望。社会上各种"专业性"的职业都是通过严格的职业道德规范进行自身的约束的，教师专业化发展就需要不断强化教师职业的自我约束机制，为此就需要建立规范的教师职业道德和行为准则，教师的专业精神就要表现为对这样的职业道德与行为规范的接受和自觉遵守。

（3）专业技能的强化。教师教育教学技能的提高是教师专业发展的重要内容。在后面我们还要专门讨论，这里就不再展开。

（4）专业知识的拓展。教育改革，尤其是当前的课程改革需要教师不断更新与拓展自己的专业知识。现代教育越来越成为综合性的复杂的智力活动，课程改革中对人的个性发展的关注、对创新精神和实践能力培养的要求，使得教师的工作越来越充满了多样化的创造需要。世界范围的课程改革，体现了课程设置现代化、学习历程个别化和学科综合化的特征，课程现代化导致新的学科课程进入课程计划，学习历程的个别化不仅出现了微型课程，而且形成了多种课程和学习的形式，学科的综合化要求教师必须用新的视野进行教学，所有这些都要求教师必须调整自己的智能结构，适应新课程发展的要求，研究性学习课程就是一个例子。

现代教师拓展自己的专业知识，不仅要关注自己所教的学科知识，还要关注这门学科的方法论的知识以及这门学科的发展史的知识，只有这样，教师才有可能把基础知识基本技能、学生思维发展与态度情感价值观的培养融为一体，全面实现素质教育的目标。

三、一流学校的建设与学校教育教学能力的提升

一流学校一定得有一流的教育教学能力。这里一流的教育教学能力并非指某一教师的教育教学能力，而是指这一学校教师总体的教育教学能力。学校教育教学能力的提升不能只是一句口号，它需要有具体的措施加以落实。将教育教学能力分解为微技能，即微型技能，可能是一个最简便的途径。学校可以通过让一些优秀的教师总结、概括自己成功的教育教学经验来实现将教育教学能力分解为微技能这一目标。由于教育教学能力涉及的方面太多，今天我们没有可能在这里作全面的讨论，只能举转变差生的技

能、探索性教学技能这两个例子来加以说明。

转变差生的能力

1. 发现学生问题的技能。学生中的问题是各不一样的。有的是情感的问题，有的是认知问题。在学生认知发展中，有的是逻辑思维的问题，有的是语言表达的问题。不能准确地把握学生的问题，就不可能帮助学生解决问题，进而达到转化的目的。

对于学生的不同问题，发现的方法可能是各不一样的。比如学生认知发展的问题，教师通过课堂提问、课后作业、各类测验就能找到；而对于学生情感的问题、思想道德问题，就没那么简单，它需要我们教师对学生行为进行仔细地观察，向其身边的同学了解，乃至要用一些专业化的调查量表。由我们课题组开发的"初中生思想品德调查表"与"高中生思想品德调查表"就是为发现学生的问题而专门开发的量表。实践证明这些量表还是很有用的。

2. 诊断学生问题根源的技能。找准了学生的问题并不意味着我们就能有针对性地给予解决。因为，同样的问题在不同学生身上形成的原因是各不相同的。

比如，学生法制意识的变化主要与下列因素有关：

（1）社会上客观存在的腐败现象与媒体的宣传给学生带来一定的影响；

（2）个别家庭在社会生活中受到不公正的待遇，未能得到妥善解决，在学生心里投下阴影；

（3）一些西方影视与国内影视所塑造的"英雄"形象

使学生产生暴力崇拜；

（4）学生中一些违法与违纪行为未能得到及时的批评与纠正，使学生产生了错误的认知；

（5）学校放松了对学生的正面引导，在一定程度上影响了他们对法制的看法。

这时，教师的重要任务就是要在各种可能的原因中找出影响学生的真正原因，从而为有效地解决问题寻求对策。

3. 设计解决学生问题的方法、途径的技能。学生不同的问题需要有不同的解决方法。就是在学生面临相同问题的情况下，由于引起问题的根源不同，可能解决的方法与途径也各不相同。比如，在学生法制意识淡薄的情况下，教师就要有针对性地开展法制教育，使学生知法、懂法，同时可积极组织学生对青少年犯罪问题进行调查研究，了解青少年犯罪的原因及其后果，组织学生开展调研报告交流会，通过正面引导，不断提高学生的法制意识。如在学生诚信意识比较淡薄的情况下，教育的方法就不一样，在这一情况下，学校要结合中国优秀传统文化的学习，使学生充分认识诚信对个人与对社会的意义，通过社会调查等活动使学生认识到欺诈可能得逞于一时，但终究会被他人识破，其结果只能身败名裂；学校还应加强教师的师德教育，通过教师言行帮助学生树立现代公民应有的诚信精神。

4. 与学生沟通的技能。有了解决学生问题的方案并不等于就解决了学生的问题。教师还要努力让学生理解并接受教师的意见。让学生理解并接受自己意见的技能就是与学生沟通的技能。教师要让学生理解并接受自己的意见，首先要取得学生的信任，学生信任了教师，教师的意见才有可能被他们接受；其次，教师要掌握在各种不同情况下说服学生的技能，要根据不同的情况下讲出不同的、令人信服的"理"，而不是一味地对学生进行批评，一味地对学生进行批评往往只能引起学生的逆反；再次，教师要善于帮助学生树立解决问题的信心，使学生充分认识到提高自身的意义与可能。

5. 帮助学生把认知转化为行为的能力。学生认识到了自己的问题，并明确了自己改进的方向，一般情况下都会把自己的认知转化为自己的行为。但是，在不少情况下也会有"言行不一"的现象，有些学生他们在口头上表示认识了自己的问题，也提出了自己努力的方向，但是在实践中就是屡教不改。这时，教师首先要检查自己与学生沟通的过程，反思一下自己的意见是否真正为学生所接受。在得到否定答案的情况下，我们的工作就要回到上面一步，重新与学生进行沟通。如果在得到肯定答案的情况下，就要耐心地采取措施促进学生把认识转化为行为。比如，给学生经常性的提示，表扬学生每一点微小的进步，以及为他创造有利于其转化的环境等等。

6. 评价学生的进展的技能。学生的进展是由一点一滴的变化积累而成的，不可能一蹴而就。因而，定期与不定期地评价学生的进展与变化就显得十分重要。学生预期的进展是否出现了，以及学生进展变化的程度有多大？评价学生的进展要集中在对这些问题的判断上。这里特别要注意的是，学生一些错误或不正确行为出现频率的变化也是我们判断学生进展的重要指标。比如，一个学生经常欺负弱小同学，原来每周1～2次，以后变化到每月1～2次，这就是进步。对这样的变化，教师也应给予足够的关注。

7. 巩固学生成果的技能。学生在发展过程中是容易出现反复的，对此，教师要有清醒的认识。为此，要在学生发展的各个阶段采取各种不同的方式帮助学生巩固自己在发展的每一步所取得的成果。要善于发现学生的进步，及时地肯定学生的进步，在学生取得每一点滴进步的过程中给学生以积极的反馈，用心理学的语言来说，就是给予学生以及时的"强化"，这是巩固成果的最有效的办法。

探索性教学技能

在课堂教学中培养学生的探究意识与能力，这是当前我国基础教育课程改革的一个重要目标。教师如何才能在课堂教学中培养学生的探究意识与能力呢？在大量的实践中，我们可以发现，一位优秀的教师在这一问题上大概要把握这样几点。

1. 在规定课程内容中找出探究性问题的技能。在规定课程内容中找出探究性问题有两个要求：第一，这一问题原则上不能在课程内容中找到现成答案；第二，这一问题能引起学生深入的思考与讨论。比如，在高中历史教材中有一章节叫作"美苏争霸"，一位教师在课堂中就提出，能不能把这一章节叫作"苏美争霸"。这就是一个非常有意义的探究性问题，这一问题在书本上找不到现成的答案，但能引发学生从多方面进行思考。

2. 引发学生深入思考的技能。这要求教师能帮助学生深入理解教学内容所提供的知识，从不同角度去思考这些知识背后的意义。一部"美苏争霸"的历史，说到底就是一部冷战史。从前苏联的卫星上天、古巴导弹危机、阿富汗战争，直到苏联的垮台，有很多值得学生深入思考的问题。引导学生深入地思考这些历史事件背后的意义，一方面可以提高学生对这些事件的记忆，因为，这把对历史事件简单的记忆变成了有意义的记忆；另一方面，它有助于提高学生的探究意识与能力。

3. 组织学生讨论的技能。这一技能首先要求教师能鼓励学生提出不同的观点，甚至错误的观点。有些教师担心课堂教学可能失去控制，不敢让学生提出问题，这其实就从根本上压抑了学生的思维。在学生提出不同观点后，教师要善于抓住学生不同的观点，组织学生就不同的观点展开讨论。在最初的阶段，学生的观点并不一定是很明确的。把学生不很明确的观点显性化是有效地组织学生讨论的关键所在。

4. 提升学生找出不同观点之差异的技能。再以刚才高中历史课来说，持"美苏争霸"观点的是突出美国的强势与主导。二战后，美国的经济实力、军事实力一直在前苏联之上，这从二战后美苏 GDP 的比较可以清楚地得到这一结论，并且在实际上它霸占了全球的利益。持"苏美争霸"观点的人也并非是没有道理的。历史的事实告诉我们，20世纪50年代以后，前苏联一直试图从美国霸权中分得一份利益，这一观点注重的是前苏联攻势。如果我们的教师能引导学生把这一"强势"与"攻势"的差异找出来，可以相信，学生对一部冷战史就会有更深刻的理解，研究问题的能力也会有很大程度的提高。

5. 提高学生论证自己观点的技能。说美国"强势"要以事实说话，说前苏联"攻势"也要以论据加以证明。提高学生论证自己观点的能力，对学生把学科知识与思维能力结合起来，逐步提高思维的严密性有很大帮助。

6. 帮助学生形成归纳总结的技能。归纳总结的技能包括提炼自己与对方观点的技能，概括自己与对方论证各自观点的逻辑思维过程的技能，以及分析双方观点异同的技能。教师可以通过自身示范、让学生在讨论过程中增加总结陈词等环节，以及撰写小论文等方式，来帮助他们形成归纳总结的技能。

学校之美与学校之德

2006 年 10 月在苏州十中
百年校庆学术讨论会上的讲演

今天，在苏州十中百年庆典期间，教育部中学校长培训中心与《中国教育报》、苏州市教育局联合举办了"美与德育"的校长论坛，在被誉为"最具中国魅力"的苏州十中的美丽校园中，讨论美和德的问题，实在是一件很有意义的事。作为学校美德研究，它包含着学校之美和学校之德，以及学校美与德如何统一的研究。借此机会我也谈谈关于学校之美与学校之德的一些认识。

一、学校之美

　　早在 1850 年，德国著名哲学家鲍姆加通（Baumgar-ten）就提出，人的精神追求的领域包括三大方面，即对真的追求，对善的执著，对美的向往。应当说鲍姆加通的这一观点具有普遍而永恒的意义。按照鲍姆加通的观点，逻辑学是一门对真的追求的学问。当然今天我们回过头来看，可能鲍姆加通的这一观点过于狭义了，逻辑学追求的是形式的真，科学追求本质的真。鲍姆加通还认为，伦理学是关于道德之学，是一门追求善的学问。他认为当时还缺少一门对美研究的学科，为此，鲍姆加通提出了美学的基本框架，所以人们称鲍姆加通是"美学之父"。

　　应当说，鲍姆加通的观点对今天的学校教育仍然有着启示的意义。学校作为全面提升人的精神追求的场所，理所当然地要提升学生对真、善、美的追求。然而，在科学主义盛行的年代，人们只注重对真的追求，在学校的各门学科与日常教育教学活动当中，对科学知识给予充分关注，但对"美与善"这一主题似乎缺乏应有的重视。我国各级各类学校不同程度地存在着这一问题。现在已经到了必须解决这一问题的时候。

　　学校应当是最美的世界。学校之美大体上有两种类型：存在于现实世界的自然之美和艺术之美。什么是现实之美呢？现实之美包含着自然之美，包含着科学之美，包含着社会之美，它存在于客观世界之中的。比如说，自然之美包括山川美、河流美。苏州小桥流水，江南水乡的典型特征，充满着自然之美。自然之美，就其特征而言，一般可概括为六个字，即雄、奇、险、秀、幽、旷。所谓雄，雄伟，泰山非常雄伟，所以人们有"会当凌绝顶，一览众山小"的感受；所谓奇，奇特，桂林山水之所以能够甲天下，它的溶洞充满了各种奇特的景象；所谓险，险峻，"无限风光在险峰"，在这种所谓险地，人们能体会到一种独特的美之感受；所谓秀，秀丽，黄山之秀给人深刻的印象；"幽"，幽静，苏州园林的曲径通幽；"旷"，空旷，"风吹草地见牛羊"，有一种大自然的魅力，这是自然之美。其实，科学也是很美的，不管是物理世界、化学世界还是生物世界、数学世界，都充满着美，充满着美感。科学之美，包含着所谓黄金分割，包含着所谓和谐、对称、简单等特征。我建议大家去找一本《物理之美》，这本书是著名的物理学家费米写的，他没有谈物理规律，他谈的是物理世界的美学现象，非常值得我们认真去读一读。除了科学美以外，还有社会美，社会美包括语言美、行为美和心灵美等。社会之美介于现实美和艺术美之间，包括语言，包括人的行为，包括人们心灵的进化，随着人类的文明进步而不断创造。

什么是艺术之美呢？艺术美的特征，在于它是源于现实生活，但是又高于现实生活，是人们在现实生活基础之上对客观世界的加工创造的产物，它包括舞蹈、音乐、文学作品等等。

现实美和艺术美，它广泛存在于我们学校之中，如何去研究现实美的特征？如何去研究艺术美的内涵？对于我们深化学校的美育，我相信会有重要的意义，会有很大的帮助。

校园的建设应遵循美学原则。在我看来，校园之美，首先在于继承。苏州十中有一百年的历史，在一百年历史的过程当中，它有着深厚的文化积淀。这种文化积淀是包括美在内的一个重要的教育资源。为什么说学校悠久的历史能成为学校教育资源？这一点不奇怪，如人们对古董的欣赏。审美的一个重要原则：距离产生美。因为有距离，所以人们会对它产生一种审美的兴趣，从中感受到独特的美与独特的魅力。因此，在学校建设中，如何去挖掘它本来所具有的、在历史长河中形成的这种文化的积淀，是我们挖掘美的教育资源的一个重要方面。苏州十中提出"感恩历史，传承文化"这样的命题，我以为是有着重要的现实意义与重要的教育意义的。现在我们的很多校长，不懂得这个道理，往往喜欢在废墟上重建。在废墟上重建，有什么意义呢？总想推翻历史，以为学校只有在"我"手中才得到了新生，把以往全都看作是历史的垃圾，不屑一顾，这是一种忽视传统的做法。借用计算机语言，这是"归零"的过程，什么都归结为零。而"归零"的过程，是一个零起点的过程，也是在低水平上发展的过程。继承历史的过程，才是一个高起点的过程，只有站在历史发展巨人的肩上，才能看得更远，走得更高。所以，人们强调：校园之美在于继承，懂得继承才能创造校园之美。

現在我们的很多校长，不懂得这个道理，往往喜欢在废墟上重建校园之美，其次在于特色。按美学的原则来说，与众不同、奇特的事物，容易产生美感，这也是人们感受美的一个重要原则。如果千篇一律，则没有美感。美不可能是千篇一律的，美一定是独特的。所以，学校之美在于特色，在于与众不同。每一所学校，在自己办学过程当中，都可以办出一流，都可以办成"最美"的学校。问题在于我们要办出自己的特色，形成自己的特色，在学校的竞争发展过程中，显现出自己独特的美。所以，在这个意义上，我们一直强调校园之美在于特色，在于与众不同，在于从自己学校的实际出发，创造出我们学校的品牌，创造出学校独特的声誉。

校园之美，第三在于和谐。建设和谐社会，必须要求学校成为一个和谐的学校。和谐的才是美的，和谐的才是充满德性的。所以，和谐社会也就是美的社会。追求美的社会，是执著于善的社会，是讲究道德的社会，是充满伦理的社会。同样，和谐的校园，也就是追求美的校园、追求善的校园，是追求美和善统一的校园。

我们重视校园精神建设之美的"有形的一面"，更不要忽略其"无形的一面"，即人文的校园精神。校园精神，是存在于我们教职员工内心深处的，存在于我们师生员工的精神追求、价值追求之中的。不断提升校园精神，是学校能够不断发展的根本。所以，我们一直强调，提升一个学校，首先要提升一个学校的校园精神；同样，要提升一位教师，首先要提升教师的价值追求；提升一个学生，要提升学生的人生目标。在这个意义上，校园文化的塑造，

校园精神，是存在于我们教职员工内心深处的，存在于我们师生员工的精神追求、价值追求之中的

除了校园、校舍之外，更重要的在于校园精神之建设。按照美的原则，去创造校园精神之美。

第一，善待师生。善待师生这是对学校管理者和教育工作者的要求。善待师生才能赢得师生的信任，提升师生精神追求。在以人为本的社会中，学校教育要以学生为本，学校管理要以教师为本。当然，教师要引领学生的发展，管理者要推动教师的前进。

第二，崇尚宽容。宽容的基础是大度，宽容的结果是和谐，是团结。如果我们的教职员工都斤斤计较，整天沉迷于个人的一些私利，无原则的内耗，我想，这个校园就其精神层面而言，是没有美可言的。苏州十中提出"质朴大气"的校园精神，就很好。

第三，善于妥协。因为我们崇尚宽容，所以就会有这个命题：善于妥协。现在社会，每个人都有着追求自己名、追求自己利这样的一种动力。现实社会也承认每个人追求自己名和利的合理性和合法性。所以个人和个人之间，个人和组织之间，组织和组织之间，都有可能产生各种矛盾和冲突。矛盾和冲突的存在是客观的现实，矛盾和冲突的存在，也是事物发展的必然。所以，在这个意义上讲，我们没必要害怕，或者并不需要过多地担忧学校存在的矛盾和冲突。但是，我们提倡冲突的各方，要善于妥协，人们说"退一步海阔天空"。学会妥协，事实上是学会了和谐，学会了团结，学会了创造一种宽容的、宽松的环境，为自己愉悦地享受生活、享受工作创造最好的条件。当然，说崇尚宽容、善于妥协，并不是要我们安于现状，而是强调人和人之间如何相处的原则。

第四，学会等待。作为社会文明的传承者，对于我们教师与教育管理工作者来说，要成就一番大事业就要学会等待。知识分子的人格特征决定了他们非常看重社会与有关领导对自己工作成就的承认。然而，社会对人的工作成就的认可、接受与承认是需要一个过程的。一些诺贝尔奖的获得者，他们的工作成就往往是在十几年，甚至几十年后才得到学术界的承认就是最好的例子。学会等待应当成为现代人基本的品质。

第五，追求高尚。人品有高下之分，艺术有雅郑之别。追求高尚，就是要鄙视劣行、鄙视低下。假如一个学校的教师，没有一种高尚的追求，那么，要办成一流的学校，办成一流的教育，培养一流的学生是不可能的。

第六，淡薄名利。校园精神之美的另一个原则是淡薄名利。作为教师要有这样的一种精神追求，板凳坐得十年冷，不断丰富自己人生的内涵，不断提升自己的思想内涵和学术的内涵，提高自己的人生品位，提高自己的学术水平。这一个过程，也就是我们教师，我们校长，我们教育工作者专业发展的过程。短期、浮躁的行为，是和我们教育活动的本质相去甚远的行为；浮躁、急功好利的行为，也不会有丝毫精神之美可言。

作为校园精神建设的美学原则，可以简单地概括为这六个方面。由于在各地、在各种不同的场合，我已经谈过这些观点，这里就不再展开。

二、学校之德

我们已经讨论了学校之美，即学校校园建设和精神建设之美的原则。下面我们再讨论更重要的学校道德、伦理问题。

第一，我想讨论的是学校教育和管理合理性之追问。既然是对合理性之追问，我们就要问，所谓教育活动和管理活动合理的"理"是什么？有时候，人们说这个学校教育是科学的，管理是科学的。我们有时要问：什么是科学的？他说：合理的。我再问：什么是合理的？合的是什么理？接下来他就说不出道理来了。其实，早就有人强调过，所谓合理的教育与合理的管理中的这个"理"字，有两种不同的解释，第一种解释是合乎理性的，这个"理"是建立在科学主义这个观念之上的。理性的也就是效益最大的。学校培养人才，要追求成本最低，效益最大。所以在这个意义上，我们校长，我们的管理者强调的是学校资源优化配置。美国著名的管理学家泰罗提出的计件工资合乎的就是这种科学理性。计件工资把每一个人的报酬，和他的工作绩效紧密地结合起来，从而为企业创造出最大的利润和价值。然而，我们现在回过去看，即使在当时，人们就感到这种所谓计件工资，是缺乏伦理思考的，甚至可以说是不道德的。所谓科学理性，关乎的是效率，它是对效率的追求。其实，教育和管理的"理"，还有第二层含义，那就是关乎道德的伦理之"理"。因而，我们对学校

教育和管理的"理"，还有第二层含义，那就是关乎道德的伦理之"理"

教育活动，对学校管理活动，都要有一个伦理的追求、伦理的追问。这项管理制度，它是能保证学校效益最大化的，那我们还要追问：它是不是符合伦理的？是不是公平的？是不是公正的？这些都是我们需要考虑的重要问题。社会发展到今天，我们在构建和谐社会，构建和谐校园的时候，如果不对我们的管理活动，不对我们教育活动进行伦理的追问，我们的教育和管理活动就会有很大的缺失。很多教育活动、管理活动合乎科学理性，但不一定合乎伦理追求。所谓伦理追求，究竟关心什么？这是我们要回答的另外一个问题，学校之德的价值追求最根本的究竟是什么？"公平、公正、正义、关爱生命、崇尚自由、追求民主"。这是我们对各种道德活动的一个元评价、最根本的评价，也是我们评价任何一个活动的最基础的标准。

当我们讲到"公平"的时候，大家以为自己都理解，其实不然。什么叫公平？在我们学校教育当中，不公平的现象，普遍存在，随时可以发现。现在，社会强调教育机会的公平。所以，一些地方在义务教育阶段的学校招生中，采用电脑排位的办法，为不同的人群提供公平的接受教育的机会，这似乎是公平了。但在我们课堂之中，在我们的教育教学活动之中，教育的过程公平是否得到了保障呢？根据我们的观察、调查和研究，还有很多问题需要解决。我们学校的很多教师，日常关注的往往是智优学生，给智优学生提供机会也多，我们教师更愿意让他们去组织各种社团活动、研究性活动，更愿意在课堂上向他们提问，让他们回答，为这些人的发展提供了更多的机会，

学校之德的价值追求最根本的究竟是什么？"公平、公正、正义、关爱生命、崇尚自由、追求民主"

这是教育过程的不公平。教育过程的不公平，导致了教育结果的不公平。"公平"这一个概念，作为一个教育中最根本的价值追求，仍然有很多问题需要讨论。不公平的，就是不伦理的、不道德的。因此，我们说，学校之德，在学校制度的层面、在学校管理机制的层面、在我们管理活动的层面、在课堂教学的层面以及师生交往的层面，都存在着一个伦理的追问：这个教育活动合乎伦理吗？都可以对它进行质疑。经过伦理的追问以后，使得我们教育活动、管理活动，既是理性的，又是合伦理的，这两者之间，虽然存在着矛盾，存在着冲突，但是，它们并不是不可调和的。我们可以把科学的理性和人文的关怀，把效率和公平，在我们教育教学活动和管理活动当中完美地统一起来。

根据道德的最朴实的基本准则，现代社会对"学校之德"有一些最基本的要求。这些最基本要求是什么呢？研究表明，主要有以下几个方面。

1. 关爱生命。学校是促进人身心发展的场所，生命是人身心发展的载体。没有生命也就没有了人的一切。

关爱生命的关键是"爱"。由于社会的失范，现在我们的学生对社会是冷漠的。当前学校"三独"现象日益明显：学生95%以上都是独生子女，这是"一独"；学生的家长也是独生子女，这是"二独"；我们的青年教师本身就是独生子女，这是"三独"。"三独"人的特点是自我意识比较强烈，个性比较明显，同时也存在一些问题，他们往往对自己不负责，对他人不感恩，对社会没责任。2004年中共中央、国务院下发了《关于加强未成年人思想道德建设的若干意见》，提出了一个紧迫的、相当严峻的问题：提升未成年人的思想道德水平。其实，未成年人之所以会出现问题，根源在成年人身上。未成年人的思想并不是凭空产生的，而是受成年人的影响的。而且，在所有成年人中，教师作为和学生交往最多的成年人，他们对学生的影响更为深远。为此，我们一再强调这样的命题：提升学生的道德，首先要提升教师的道德。爱心需要爱心来唤醒，冷漠的教师，不可能培养出充满爱心的学生；诚信需要诚信加以教育，一个虚伪的教师，也很难教育出充满诚信的学生。

在我们中小学的课堂里常常可以见到教师随意辱骂学生，这种现象我把它叫作"语言暴力"、"心理惩罚"。"语言暴力"、"心理惩罚"都是有违这一道德命题的。它们共同的特征就是对人的蔑视，对生命的蔑视，把学生当作可以随意侮辱的对象，对学生身心发展采取极不负责的态度。学校对此要给予相当的关注。

2. 公平公正。公平公正的关键在于平等地对待每一个学生。学生总是有差异的，有家庭背景的差异，有自身兴趣爱好的差异等等。就学生家庭背景来说，有的家长有权，有的家长有钱，也有的家长既没有权也没有钱。教师对这部分学生青睐有加，对那部分人则冷眼相看，这就是不公平不公正。今天学生在校受到不公平与不公正的待遇，明天他就会以更不公平更不公正的态度去处理社会问题。教育的不公平不仅会导致社会的不公平，更严重的是它有极大的可能造就以不公平的眼光看待社会，以及以更不公平的手段处理未来社会问题的一代人。这不仅是学校教育最大的失败，更可能给未来社会埋下极大的隐患，甚至有可能带来灾难性的后果。

3. 崇尚民主。民主是现代社会最基本的价值追求之一。有很多学校领导不喜欢民主，因为民主没有效率。一项决策交给教职员工多次讨论，可能在耗费大量的时间以后还没有结果。校长脑袋一拍，5 分钟就拿出了意见。显然，与民主决策相比，个人决断效率更高。但是，民主决策可以在较大程度上避免个人决断的失误，因而，它实际上从根本上提高了决策的效率。此外，民主决策是全体教职员工共同的决策，教职员工普遍地会感到这是"我"的决策，因而，在决策落实的过程中会更有效率。更重要的是民主决策可以在相当高的程度上提升教职员工的主人翁精神。这一精神对学校发展来说是至关重要的。

民主决策是全体教职员工共同的决策，教职员工普遍地会感到这是"我"的决策，因而，在决策落实的过程中会更有效率提高学校的民主意识，不仅要提高学校领导的民主意识，还要十分注意提高教职员工的民主意识，使民主成为学校包括学生在内的所有人共同的追求。民主并不意味着"我"说了算，懂得民主就应当懂得理解与尊重他人。这应当成为学校美德重要的内容之一。

三、学校美、德之统一

学校之美与学校之德是一个事物的两个方面，美和德并不是天然就能统一的。我们可以先讨论一下真、善、美的关系：真的未必是美的，假的也未必是丑的。最简单的，我们每位女士早晨起床，要精心地梳妆打扮一下，什么 SKⅡ，什么兰蔻，满足的就是人们对美的需要。这个过程是什么过程呢？在一定意义上可以说，这个过程是一个伪饰的过程，是人们把自己最不愿意给别人看见的一些不美的地方掩盖掉。它是美的，但它不是真的，卸妆以后才是真实的。上海有家媒体曾经对化妆品作了一个定义：化妆品是1块钱的成本，10块钱的宣传，100块钱的回报。这就是化妆品。化妆品首先化妆的不是你，它首先化妆的是它自身，化妆品对化妆品进行化妆，花了10块钱，然后，再以一百多块钱卖给你，你再去化妆你。因而，我们就能明白：美和真并不是天然的统一的。同样，美和德也不是天然统一的。党的"十六大"提出的新时期教育方针，加了一个字，把"美"加进去了。为什么在"十六大"之前，我们强调德、智、体？在"十六大"之后强调德、智、体、美？这是有深刻的意义的。在学术界，一段时间内人们认为美和德是属于一个范畴的，德可以包含美。现在看来，事实并非完全如此，美的不一定是善的，善的也不一定是美的。这个"美"和"德"，究竟怎么去理解？怎么去把握？怎么去看待？从不同的角度、从不同的视野出发，会有不同结论。我一直打这样一个比方：毒性最强的蘑菇往往是最鲜艳的蘑菇。在我们社会生活当中，这种情况也非常地普遍，所以，我们要认真讨论学校美与德统一的问题。

学校美德之统一要点一：以校园之美，养学生之情。苏州十中以学校深厚的文化积淀为基础，注重校园环境美，事实上，在这种美丽的环境当中，它可以陶冶学生之性情，使学生在这样的一种环境中养成文明之习惯。大家都有这样一个感受，在美国走到 Chinatown，菜摊边上充满了垃圾，那时你随口吐一口痰，心中不会有愧疚之感，但走进我们十中，看见那么优美的环境，当你要想吐这口痰的时候，你自己也感到吐不下去。所以，在这个意义上，校园之美能提高人们的情趣，这就是把美和德统一起来。

学校美德之统一要点二：我们特别强调的是要以教师

之行，养学生之性。教师的语言之美，仪表之美，行为之美和心灵之美，给我们学生以榜样，给我们学生以教养，以提高我们学生的人性、人格。我们还要强调，不管是对学生审美情趣的提升，还是思想道德品质的养成，教师都是一个重要的榜样，教师是重要的美育和德育之源，重要的美育和德育的资源。

教师是重要的美育和德育之源，重要的美育和德育的资源

学校美德之统一要点三：我们强调要以科学之理，明学生之心。科学是充满着美的，不管是物理、化学，还是数学。科学之理揭示了客观世界存在的各种美学现象，对养成我们学生的心灵，会有重要的意义。这个心灵，包括美的心灵和善的心灵，指美和德统一的心灵。以科学之理，明学生之心，是养成学生美德的一个重要途径和重要方法。

在整个过程当中，我们特别强调，要在学校教育、环境设计、教育教学活动中坚持教育性和艺术性的统一，让学生在无意识当中接受有意识教育，这是最好的方法。学生的审美情趣的提升，学生思想道德的提升，都是应当潜移默化的，是日积月累的，是"润物细无声"的。所以成功的美育，成功的德育，是学校有意识组织的活动，学生是在无意识中接受的教育。让学生在无意识当中接受有意识教育，这是最成功教育的艺术所在。

学校发展与教师的专业发展

2002 年 5 月在澳门 "21 世纪教师的专业成长"
国际学术研讨会上的讲演

教师专业发展在今天已经不再是一个陌生的话题，人们对教师的专业发展的认识越来越趋于一致。但长期以来，研究者主要地是站在教师的立场上来讨论教师的专业发展问题，将教师的发展更多地作为教师个人的发展来探讨，由此导致了学校发展与教师专业发展之间的矛盾。在今天这样一个改革的时代，学校面对前所未有的时代挑战和竞争压力，谋划学校的发展具有更加重要的现实意义。我们认为学校发展与教师的专业发展应当是统一的，学校的发展需要教师的专业发展，教师的专业发展需要学校发展的支撑，只有将学校发展与教师专业发展结合起来，才能建立学校和教师双赢的发展机制。

一、教育改革对教师的新要求

在今天，教师工作的内涵已经发生了深刻的变化。以德育为核心，以学生创新精神和实践能力的提升为重点的素质教育对教师提出了更高的要求。没有教师的发展，没有教师专业上的成长，教师的历史使命就无法完成。在今天强调教师专业发展，这是历史进步的要求，是教育改革的需要。

教育改革呼唤着教师的专业精神

传统上，人们将教师的工作概括为"传道、授业、解惑"，将教师描述为"人类灵魂的工程师"，于是有了关于"红烛精神"的赞扬，这实际上是将教师作为一个道德角色来讨论的；有了长期以来关于教育是科学还是艺术的争论；有了"以吏为师"、"以德为师"、"以学为师"的情况，似乎有道德的、有学问的或者有官职的人都是可以成为教师的。今天的教育与传统的教育已经有了根本的不同，成为现代社会开发人力资源的重要途径，尤其是在现代认知科学、信息科学等学科发展的推动下，教师的工作越来越成为高度复杂的创造性工作，成为具有自己独特职业特征的不可替代的专业活动，"教师专业化"就是这样一种变化的概括与反映。

这样的"教师专业化"，必然要求教师具有自己的"专业精神"。

教师的专业精神首先体现在对自己专业的忠诚上。教师专业的忠诚表现为一种敬业精神，表现为对自己职业的一种献身精神和负责精神。教育对当今社会的影响决定了教师是负有重要社会责任的职业，专业的忠诚就是对社会的负责。教育活动的复杂性决定了任何教育方案都不可能是完美无缺的，也没有适合各种情况的教育方案，尤其是在现代的班级集体授课制度下，要面对多样化的学生，要保证每位学生个性的充分发展，没有教师高度的责任心和敬业精神是无论如何也做不到的。在当前的教育改革实践中，没有教师充满热情、高度负责的配合，教育改革就难以取得预期效果。

教师专业精神的另一项内容是自觉遵守教师的专业道德规范与行为准则。古往今来教师就是一项与社会道德密切相关的工作，作为"为人师表"的教师，经常被当作社会道德的化身，社会在给予教师应有尊重的同时对教师职业的纯洁性、高尚性有高于社会其他职业的期望。社会上各种"专业性"职业都是通过严格的职业道德规范进行自身的约束。教师专业化发展就需要不断强化教师职业的自我约束机制，为此就需要建立规范的教师职业道德和行为准则，教师的专业精神就要表现为对这样的职业道德与行为规范的接受和自觉遵守。

教师的专业精神还表现在教师的专业发展需要上。社会的专业性职业都有自己的专业发展机制，教师作为一种

"专业"性职业,就需要建立自己的专业鉴定体系,实施专业的考核与鉴定,形成教师专业发展的动力机制与约束机制。教师应当具有不断追求自身提高和专业发展的精神需要,通过自己的专业发展增强专业的不可替代性。

教育改革呼唤着教师的创造

随着知识经济时代的到来,创新对一个国家和民族发展的意义越来越突出,培养创造性人才成为世界教育改革的一个共同目标。我国第三次全国教育工作会议明确提出,教育工作要以培养学生的创新精神和实践能力为重点。培养创造性人才,更加需要教师创造性的发挥。其实,创造是人的天性,人类经济生活的维系从物的依赖转向对知识创新的依赖,标志着人类文明进入新的历史时代,这个时代对教育提出的全新要求,导致了世界范围内教育的深刻的历史性变革,这场变革对教师工作的创造性提出了前所未有的要求。

教育应当是充满智慧的事业,没有教师智慧的充分发挥,教育改革不可能真正取得成功。任何教育改革最终都需要落实到教师的教育实践活动中,当教育超越了知识传递这一唯一功能的时候,教师就要关注学生思维的发展、精神的建构。现代教育改革强调对人的关注,重视学生个性的发展,在这样一个充满创新的时代,教育也呼唤着教师的创新,因此现代教育提出了教师应当成为研究者的要求。

现代教师应当而且必须成为教育活动研究的主体,他们的研究意识、主体意识是其自身专业化发展的重要支撑，教师的教育实践内在地包含着研究的意义。从本质上讲，教师的专业化发展与教师职业的研究性质密切关联，"教师即研究者"是教师专业化发展的同义语，已经成为教师专业化发展运动中的一个重要观念。教师只有自觉地投入到研究中，将教育变成真正充满智慧和创造的事业，才能实现真正意义上的教师专业化。

教育改革呼唤着教师观念的转变与知识的更新

当今世界教育改革的一个重要特征是课程改革的全面推进和发展，我国近年也将教育改革的重点转到了课程和教学的改革上。课程改革对教师的专业发展提出了新的要求。

课改需要教师转变教育观念。课程改革是以教育观念变革为先导的。新的课程表现为教育思想和理念的变革，教师只有学习和接受的新的教育思想和教育理念，才可能贯彻和实施新的课程。当前在内地进行的课程改革中，教师教育观念的不适应成为阻碍课程改革的重要因素，因此新课程的实施要对教师教育观念的更新给予极大关注。毫无疑问，课程改革已经成为推动教师转变教育观念的重要力量，在很大程度上推动了教师的专业发展。

课改需要教师不断更新学科知识。现代社会，如何把无限丰富的知识有效地传递给受教育者、如何促进青少年的身心健康发展、如何使受教育者具有创造能力是每一位教师需要解决的问题。尤其是科学技术的迅速发展，使得

国际交流

人类知识更新的速度大大加快，每次课程改革都面临学科知识的大幅度更新，综合性、交叉性学科课程的出现，对教师的知识更新提出更高的要求，教师只有不断地自我学习才能适应课程改革的发展，这在客观上成为促进教师专业水平和技能提高的重要动力，加快了教师专业化发展的步伐。

课改需要教师调整智能结构。现代教育越来越成为综合性的复杂的智力活动，课程改革对人的个性发展的关注、对创新精神和实践能力培养的要求，使得教师的工作越来越充满了多样化的创造需要。世界范围的课程改革，体现了课程设置的现代化、学习历程个别化和学科综合化的特征，课程现代化导致新的学科课程进入课程计划；学习历程的个别化不仅出现了微型课程，而且形成了多种课程和学习的形式；学科的综合化要求教师必须用新的视野进行教学。所有这些都要求教师必须调整自己的智能结构，适应新课程发展的要求。研究性学习就是一个典型的例子。

课改需要教师提高教学能力。今天我们处于一个信息化时代，学生知识信息的来源更加丰富，一些调查表明，当前中学生获取知识信息的渠道和途径甚至比教师更为广泛。随着课程改革的推进，传统的教学方式越来越难以适应要求，迫切需要教师提高教学的能力。在今天我们必须提出教学效率的概念，我们经常用"燃烧了自己、照亮了别人"来描述教师，但却较少注意到，如果教师只是"燃烧"自己而没有新能量的持续注入，就必然导致教学效率逐渐降低，就有可能造成教师"蜡炬成灰泪始干"，而学生在这样的过程中赔出了时间——生命的代价。现代教师必须不断提高自己的教学能力，必须有专业的持续发展，教学实践的过程是一个自身专业发展的过程，教师不仅要像小溪一样长流常新，更要像"核聚变"的太阳一样，在照亮别人的同时也更新和积聚自身的能量，做到"照亮了别人、丰富了自己"。从这样的意义上讲，课改促进教师教学能力的提高，教学能力的提高促进了教师的专业发展。

> 传统上教师职业被赋予了过多的道德内涵，但这种道德并不是指向教师个人发展的，而更多强调教师的责任

二、教师专业发展的意义

教师专业发展是教师实现人生价值的需要

传统上教师职业被赋予了过多的道德内涵，但这种道德并不是指向教师个人发展的，而更多强调教师的责任，强调教师职业的付出和贡献，于是就有了可怜巴巴的"红烛精神"。人们赞扬教师，是因为教师为社会和别人作出

了贡献，这理所当然应当得到社会的尊重，但人们对教师自身发展的需要却较少给予关注，使得教师职业带有了些许的悲怆和沧桑。人们更多地从教育发展、学生发展的角度讨论教师专业发展问题，希望通过教师专业发展来提高教学水平和教育质量，这仍然强调的是教师要满足社会的需要。另外也不能否认，当前关于教师专业化的讨论中，教育系统内部的一些人更加关注的是通过专业化提高教师的社会地位，改善教师的地位。

其实，作为一种"专业化"的职业，与其他职业不同的是，职业本身不仅仅是个人谋生的手段，更应当是实现个人价值的途径。教师职业可以是谋生的一种手段，因为它对社会作出了重要的贡献，这样的贡献应当得到相称的回报。但教师作为一种"专业化"的职业，绝不能仅仅是谋生的手段，不能仅仅是为社会作出奉献，他更应该是教师实现人生价值的地方，教师专业发展更应当促进教师人生价值的实现。

教师是一种职业，更应当是一种事业。作为一种职业，教师必须有职业的忠诚，遵守职业道德和职业行为规范，必须有职业所要求的最低工作质量，这样的要求是社会的外部要求，是教师必须达到的强制性要求。作为一种事业，教师的工作要为教师个人充分实现自我价值搭建舞台，给予教师发挥自己智慧和创造力的土壤，给予教师自我实现的体验。

教师专业发展是建立在职业规范基础上的，没有职业的规范就谈不上教师的专业发展，但教师职业规范建设并不能等同教师专业发展。教师工作的个体性、教育成效表现的滞后性、教师工作的难以计量性，决定了教师工作的成效更多地取决于教师个人的价值追求和自我激励，因此教师专业化发展的核心目标应当是将教师工作真正变成实现教师人生价值的舞台，使教育事业成为充满智慧的事业。

> 教师工作的个体性、教育成效表现的滞后性、教师工作的难以计量性，决定了教师工作的成效更多地取决于教师个人的价值追求和自我激励

教师专业发展是建设一流学校的基础条件

什么是一流的学校？如何才能建设一流的学校？这是一个十分复杂，仁者见仁、智者见智，难以取得一致见解的问题。但到目前至少有一点是可以取得共识的，那就是要有一流的教师队伍并且他们愿意为学校的发展作出努力。一所学校如果教师不认可建设一流学校的目标，不用一流学校的标准要求自己，这所学校就不可能成为一流学校。一所学校的发展需要不断提高教育教学的质量，为社会培养出优秀的人才，教学质量的提高需要教师自身教学能力的不断提高，需要教师自觉投入教改，进行创造性的工作，需要教师高度的责任感和事业心，这些都是以教师的专业发展为条件和基础的。因此，教师专业发展是教师个人的需要，更是学校发展的需要，没有教师的专业发展也就谈不上学校的发展。

学校教改的主体是谁？这似乎是一个多余的问题，

国际交流

但确实是重要的问题。如果将教改主体定位于学校行为尤其是学校的领导行为，必然会影响教师的创造性和积极性。正如教育界普遍认同的那样，如果一项教学改革没有教师的积极配合和参与，就不可能取得满意的效果。学校教学改革的主力是教师，主体也应是教师，学校的教学创造只能建立在教师教学创造的基础上，教改必须充分发动和依靠教师。学校组织的教改，最终必须转化为教师的教学行为。从这样的意义上讲，创设一个激励创造的环境，真正把创造还给教师是学校教学改革的必然选择。

教改需要教师的创造，而创造性教师的成长需要一个创造性的环境，学校管理的重要任务就是要创设这样的环境，创设一个真正促进教师专业发展的环境，不仅需要调动教师的热情，也需要对教师加强培训，提高教师教学创造的意识和能力。对一所学校来说，形成自己的教学特色，单纯依靠教师自发的教学创造显然是不够的，更需要把教师个人的教学创造转化为学校的教学创造，新的教学特色才可能形成。没有对教师创造的保护和鼓励，就不可能与时俱进地进行教学改革。

三、影响教师专业发展的因素

教师专业发展受到多方面因素的影响，有个人的因素、学校的因素，也有政府的教育政策和社会对教师角色的认知定势等方面的影响。不同时期的特定条件下的主导影响因素是不同的，促进教师专业发展必须了解特定条件下教师专业发展的主要影响因素。在目前情况下影响教师专业发展的因素主要有如下几个方面。

成材动力

教师的专业发展是建立在教师个人成就动机基础上的，是一种个人的主动发展，如果没有个人成材的动力，真正的教师发展机制是建立不起来的。长期以来人们对教育的认识使得社会并没有将教师作为一种真正意义上的专业工作。一些人认为教学是不需要专门的技术与技能的，只要具备了相应的知识和道德，人人都可以担任教师，而中小学传授的知识并不高深、不复杂，因此教师自然就不能算是一种专门的、不可替代的专业工作。

社会对教师的认识很大程度上影响了教师的成就动机，导致一些教师安于现状、不思进取，年复一年地重复着同样的教学活动。由于缺乏对岗位成材的认识、缺乏专业发展的意识，他们参加教学改革、不断提高自己教学效能的动力不足，专业水平提高缓慢，面对蓬勃发展的教育改革更多的是无动于衷。教师成材动力不足已经成为影响当前课程与教学改革的重要因素。推动教师的专业发展必须激发教师的成材动力，只有教师具有了强烈的专业发展的成就动机，才能不懈地追求自身专业技能和水平的提高，任何外部力量都不能代替教师的自我发展动机。

学习能力

影响教师专业发展的另外一个重要因素是教师的学习

能力。教学就是思维（Teaching is thinking），它是一个教师不断反思自己的工作，调整自己教学行为的过程，因此教师专业发展就是一个不断学习的过程。个人的持续学习能力是影响教师专业发展的重要因素。所谓教师的学习能力就是教师的自我修正能力，是教师意识到、参加于、投入到认知自己的教学认知过程并不断改进它、提高它的能量。教师的学习能力包括自我评价与自我诊断能力、自我调节能力、自我提高能力。具体说来就是要求教师做到：

* 能根据教学工作的变化及时地发现自己的不足，调整自己的知识结构与能力结构；

* 能根据学校课程改革的需要调整自己的教学重点；

* 能从学生学习的进展中发现自己教学中需要改革的地方，并迅速地达成自身的目标。

教师专业发展是教师自我学习的过程，因此，促进教师的专业发展就必须促进教师学习能力的提高，教师学习能力的提高需要不断地教学反思，需要不断吸收新的教育思想和理念，需要经常参与教学交流活动，需要参加教学改革的实践，这些都是促进教师专业发展的重要手段。

国际交流（与国际校长联盟主席）

教师评价体系

人的社会行为是通过评价的反馈不断调整的，像社会的其他活动一样，教师的专业发展也需要由制度来保障，教师评价就是这样的一种重要制度。评价是推动或者制约教师专业发展的关键措施，它是教师专业发展的指挥棒。教师的专业发展显现出阶段性，不同阶段教师成长水平不同，因此专业发展的内容与目标也就不同，为此就必须建立不同的评价准则和评价标准。教师评价，从目的上可分为两种类型：一是奖惩性教师评价，二是发展性教师评价。以推动教师专业发展为目的的教师评价必须是发展性的教师评价。

发展性教师评价以促进教师的专业发展为最终目的，它是一种双向的教师评价过程，建立在双方互相信任的基础上，和谐的气氛贯穿评价过程的始终。发展性教师评价是一种形成性评价，它不以奖惩为目的，而是在没有奖惩的条件下促进教师的专业发展，从而实现学校的发展目标。发展性教师评价的主要特征包括：①学校领导注重教师的未来发展；②强调教师评价的真实性和准确性；③注重教师的个人价值、伦理价值和专业价值；④实施同事之间的教师评价；⑤由评价者和教师配对，促进教师的未来发展；⑥发挥全体教师的积极性；⑦提高全体教师的参与意识和积极性；⑧扩大交流渠道；⑨制定评价者和教师认可的评价计划，由评价双方共同承担实现发展目标的职责；⑩注重长期的目标。

社会对教育的期望与要求

教师的专业发展是与不同时代社会对教育和教师的要求分不开的，教师的专业发展是随着社会对教育的要求和期望不断提高而逐步形成和提高的。在今天所以会提出教师专业发展的问题，是与当今时代社会对教育的要求以及教师的新使命分不开的。

今天的教育担负着比历史上任何时期都更加沉重的社会期望

人类社会发展到今天已经进入一个知识竞争的新时代，高素质、创新性人才对一个国家发展的影响越来越大，人才的质量与数量取决于培养人才的教育，因此世界各国对教育给予前所未有的期望，将教育发展置于国家竞争的战略高度来认识，希望通过教育改革促进人才培养，进而提高国家的竞争力。同时，人们也看到，科技进步和经济的发展并没有解决所有的社会问题，当今世界仍然是一个充满了邪恶、贪婪、颓废的世界，生态破坏、环境恶化、人性冷漠、暴力与冲突影响着人们的生活，在对社会的这些丑陋现象越来越失望的同时人们期待教育能为解决社会问题作出贡献。因此，今天的教育担负着比历史上任何时期都更加沉重的社会期望，这就对教师的工作提出了更高的要求。教师成为一种充满挑战、富于创造性的工作，教师的专业发展就成为一种必然。

比如，在强调培养学生的创新精神与实践能力的这样一个时代，要求教师在教学中做到：

* 对学生发挥出来的创造力感到由衷的喜悦并加以高度赞扬；

* 建立有助于维护个人自尊心的人际关系；

    * 率直的共同感受；

    * 了解学生的能力界限和优点；

    * 不是为了支配学生；

    * 创造性地宽容学生；

    * 不压制集体的意志和个人的意见；

    * 探求各种事物的真情；

    * 宽容和亲切的环境。

    显然，达到这样的要求远远超过了学科知识本身，没有教师的不断的专业发展是做不到的。

四、关于教师专业发展的建议

    教师的专业发展是教师个人的发展，更是学校的发展。

只有坚持学校发展与教师专业发展的统一，才能使教师发展与学校发展相得益彰、相互促进，共同推动教育教学质量的不断提高。

坚持教师自主、主动地专业发展

教师专业发展是建立在教师自主、主动地寻求自我发展基础之上的，在这样的发展过程中，教育教学的实践活动具有突出重要的作用。无论是职前培养，还是在职培训，都应当在教育实践中进行，与学校日常生活联系在一起，与身边的教学、与生动活泼的学生的变化联系在一起。与教育实践的密切联系是教师发展的基本手段，而教育教学实践的变化，教学质量的提高，学生的健康成长则是教师专业化发展的目的。

1. 反思教学实践，在总结经验中提升自己。教育在本质上是实践性活动，中小学教师的专业化发展必须在中小学教育实践中才能实现。教师专业发展是一个不断积累提高的过程，教师的专业技能更多是一种实践的技能，这样的技能更需要在教育实践中形成和发展，但相同的教育实践对不同教师的专业发展带来的影响并不同，教师在实践中的提高很大程度上取决于他的实践反思的深刻程度。

2. 坚持教学相长，在师生交往中发展自己。教学是一种双向互动的活动，在这种互动中不仅学生获益，教师本人也得到提高。教师的教导使学生得到发展，而学生提出问题和要求，又促使教师继续学习、不断进步，这就是教学相长。现代教育处于一个知识爆炸的信息时代，随着学科知识的不断分化，每一位教师的相对知识范围必将越来越小，在面对信息来源多样化的学生时，教师不如学生的情况将越来越多，如果教师走向封闭，就必将越来越无知。教师应勇于承认自己的无知，要建立一种师生学习的共同体，在师生交往中与学生同时学习提高，在发展学生中实现自身的专业发展。

3. 尊重同行教师，在借鉴他人中完善自己。教师的专业发展需要不断吸取别人的经验，需要借鉴和学习别人的成果。中国传统知识分子有"文人相轻"的不良倾向，在今天这样一个社会分工越来越细的信息时代，自我封闭就等于拒绝了更多的信息来源，就可能因无视别人已有的成果而付出无效劳动。教师专业发展必须善于利用现代信息手段，要学会欣赏和借鉴别人的创造，只有这样才能适应时代的要求，促进自己更快发展。

4. 学习教育理论，在理性认识中丰富自己。现代教师的工作早已超越了经验阶段，教师的工作需要经验的积累，更需要一定理论的指导，没有一定教育理论基础就难以胜任现代教师的工作，这无疑也是现代教师需要专业化的重要原因。教育理论是对教育实践活动的理性认识，用教育理论指导自己的教育实践，不仅可以减少盲目性，更为专业发展奠定了基础。没有教育理论指导的教学实践，不可能实现教师的专业化。

5. 投身教学研究，在把握规律中端正自己。教师专业化发展的重要内容是教师成为教育研究者，这不仅是现代教学越来越复杂的必然要求，也是教师实现自身价值的重要途径。教师的教育实践内在地包含着研究的意义，在现代教育实践中，不从事教学研究工作就难以成为优秀的教师。现代教师应当自觉地投入到教学研究中，在把握规律中端正自己，实现自身价值。

建设教师发展学校，促进教师与学校的共同发展

传统学校，在教师中心、师道尊严背后，是被掩盖着的对教师发展的漠视或遗忘。在传统的意义上学校仅仅是学生发展的场所，甚至当代许多重要的教育改革在强调学生的发展、学生的主体地位时，也没有关注到教师发展的问题。显然，这出于教育仅仅是知识传递的单向度的理解。教育实践反复证明，这样的学校发展是不可持续的。

现代学校的发展需要教师的专业发展，没有教师的专业发展就难以实现真正意义上的学校发展；而没有学校的发展，教师的专业发展也就失去了基础，最终也是难以实现的，因此，只有建立起教师与学校发展的"共同体"，才能实现教师与学校的共同发展。我们认为，在当前阶段，实现这样的共同发展，应当由教师与学校共同创建"教师专业发展学校"。

我们所讲的"教师专业发展学校"，它是在现行中小学建制内进行的功能性建设，是为了发展、丰富和完善现行中小学的功能，强调中小学的教师发展而进行的内部建构。它强调学校也是教师发展的场所，学校应当具有使教师获得持续有效的专业化发展的功能，而教师的专业发展

传统学校，在教师中心、师道尊严背后，是被掩盖着的对教师发展的漠视或遗忘

又能与学校的发展有机结合，教师发展的最终结果必然推动学校的发展。从这个意义上说，具有教师发展功能的学校才是"真正的学校"，这样的学校才能使所有参与学校发展的人都得到发展，自身才能获得持续的发展动力。教师发展学校在教师发展的意义上也意味着对教师的重新发现。

这样的"教师专业发展学校"的建设，正是适应着教育从单向度知识传递到多向度文化融合的历史性变革。它要求持续不断的革新和创造，体现教育和教育科学研究的人文性质和人文关怀，着眼于人的发展（既有学生的发展也有教师的发展）。在广泛意义上建立学校、家庭、社会的全面联系和深入理解，达成理解的教与学是教师发展学校的深层理念，根本目的就是要以教师的发展达成学生的最大发展和学校的最大发展。

教育干部的专业发展

2007 年 1 月在全国中小学校长培训研究会
第八届年会上的讲演

教育干部是国家宝贵的人才资源，是我国教育改革的组织者和实施者。能否建设一支高素质的教育干部队伍是事关我国教育改革与发展事业能否顺利进行的重要工作。

现代的教育干部是专业工作者，他们素质提升的过程就是他们专业发展的过程。在现代意义上，专业发展是有关专业人士在充分认识专业工作意义的基础上，不断提升专业精神，提高专业修养，拓展专业知识，强化专业技能的过程，是专业人士充分实现自身人生价值、服务社会造福人类的过程。那么，现代教育干部应当有怎样的专业精神、专业修养、专业知识与专业技能？这是今天我尝试要回答的主要问题。

包括中小学校长在内的教育干部是党和国家的宝贵财富。极大地提高我国中小学校长的素质对全面贯彻党的教育方针，全面实施素质教育，提升我国基础教育的水平有着重要的意义。近年来，在各级政府的支持与关心下，我国中小学校长队伍的整体水平有了很大的提高。但是，也必须清醒地看到，我国中小学校长队伍还存在一些比较突出的问题。

第一，就总体而言，我国中小学校长队伍的素质有了较大程度的提高，但是，能引领我国基础教育发展的领军人物还有待于进一步培养。在我国已经有了一些在教育界产生重要影响的优秀校长，他们在促进当地乃至全国的基础教育发展中起到了重要作用，但是，就比例而言，在全国数以十万计的中小学校长中，他们还势单力薄。

第二，就个体而言，我国中小学校长的专业技能有了明显的提高，但专业精神还有待于进一步加强。有不少校长往往屈服于社会的压力，存在一定的浮躁心理，追求的是教育的短期效益，缺乏应有的历史使命感与责任感。

第三，就中小学校长的专业技能而言，他们的组织协调能力、社会交往能力明显地高于以往的校长，但在指导课堂教学、学校课程编制等中小学校长区别于其他行业管理人员的核心技能，也就是中小学校长所具有的其他专业人员不可替代的能力方面还有待于进一步提高。

为全面推进素质教育的实施，使党的教育方针在中小学得到真正的落实，造就一大批能引领我国基础教育发展的领军人物，在提高他们专业技能的同时，切实有效地提高他们的历史使命感，帮助他们树立正确的政绩观、人才观、教育观与质量观，从民族发展的长远利益出发去研究教育问题就显得尤为重要。与此同时，必须认识到，中小学校长的专业能力最为重要的，也是最为基本的，是其指导学校课程编制与课堂教学的能力，这是中小学校长专业能力中为其他行业管理者所不可替代的能力。缺少这一能力，中小学校长就有可能随时被别人替换。

当然，这是一个任重道远的历史任务，是一个需要政府、中小学校长培训机构、社会各界以及校长自身共同努力才有可能实现的历史重担。

一、专业精神与伦理追求

教育干部的专业发展首先是不断提升自身专业精神与道德追求的过程。

教育干部的专业精神

人是要有些精神的，对于专业工作者而言最重要的精神就是追求卓越的精神。一个人对生活的追求会变成他工作与生活的动力，这种动力在很大程度上决定了他个人发展的程度与他的事业能达到的高度。

> 人是要有些精神的，对于专业工作者而言最重要的精神就是追求卓越的精神

教育是一项事关社会文明传承的伟大事业。教育干部
"追求卓越"的人生期望应当而且只能与我国教育事业的
发展结合起来。他们的追求应当是建立在强烈的历史使命
感与责任感的基础之上。他们应当在认清历史发展轨迹的
基础上，通过自己的工作，在我国教育发展的历史上留下
自己的足迹，以自己的发展促进社会的发展，在促进社会
发展中成就自己的事业。

　　作为人生价值追求的主要部分，国家干部都应当有正
确的权力观、地位观、利益观、政绩观与发展观。然而，
作为教育干部，人民对他们又有着特殊的要求：他们应当
具备科学的人才观、教育观与质量观，具有执行党的教育
方针、贯彻实施素质教育的自觉性，要有法治意识和依法
行政、依法治教、依法治校的能力，能"坚持教育为人民
服务"的宗旨，努力办好让人民满意的教育。

　　在一些地区，片面追求升学率的现象始终得不到根

治，其重要原因之一就是这些地区的主管干部人才观、教育观与质量观出了问题。在他们看来，只有考上大学，尤其是考上名牌大学的学生才是人才，这种观念严重地干扰了当地素质教育的全面实施，对党的教育方针的贯彻带来了极大的负面影响。教育是服务国家与民族发展，促进人身心全面发展的事业，为此，教育干部要从教育的这一根本目标出发，树立科学的人才观、教育观与质量观，并以此来指导当地教育的发展。

专业修养与职业道德、伦理追求

合理合法是任何人行为的基本规范，当然也是对我国教育干部的基本要求。所谓合理就是他们的行为应当合乎社会公认的伦理道德；所谓合法就是他们的行为应当合乎国家现行的法律法规。《教育法》、《义务教育法》、《未成年人保护法》等法律法规应当成为他们自觉遵守的行为准则。

古往今来教育就是一项与社会道德密切相关的工作，教育工作者经常被当成是社会道德的化身。社会在给予他们应有尊重的同时对他们职业的纯洁性、高尚性有高于社会其他职业的期望。人们要求教育工作者要为人师表。为人师表的"人"并非仅指未成年人，而是泛指全社会的所有成员。教育工作者作为知识分子，他的一言一行、一举一动为人民群众提供了榜样，这对提升全社会的文明素质有重要意义。

对教育干部来说，在个人专业发展的过程中，特别要注意处理好自身利益与群体利益的关系。任何人关心自身的利益，这都是可以理解的，也是合理的。但是，自身利益与群体利益是相互共存的。群体的水平为个人的发展提供了一个制高点。因而，在很多情况下，个人脱离了群体，也就失去了发展的基础，自身的利益也很难得到最大化。因此，在努力促进群体发展的基础上，追求自身同步的，或者更快的发展，才是最明智的选择。

二、专业知识与能力

一般而言，社会的职业可以按其专业化程度分成三种类型：其一，非专业的，这些职业不需要或者只需要简单的技能培训，大多数人就能胜任；其二，准专业的，它有

一定的专业知识与技能的要求，必须经过一定的专业培训才能胜任；第三，专业化的，它有整套专业知识与专业技能的要求，没有经过专门的教育，大多数人很难胜任。专业化的岗位最重要的特点就是它具有不可替代性，即非这一专业界内的人士很难胜任这一专业性的工作。

专业化的岗位最重要的特点就是它具有不可替代性

　　教育干部作为国家干部他应当具备我党对干部的一般要求：有坚定的建设中国特色社会主义的信念，有较强的理论和战略思维的能力以及相当的组织协调能力。教育干部的专业发展必须围绕增强执政意识、把握执政规律、提高执政能力和建设和谐社会的需要进行。在这方面人们对教育干部的特殊要求是：围绕国家教育改革发展的宏观规划、基本政策和重要的法律法规，围绕当前我国教育发展的方针，提高自身推动各级各类教育协调发展、帮助学校全面实施素质教育的能力。具体而言，这些能力主要是：

　　提出问题与解决问题的能力。我国社会正处在快速发展、迅速转型的阶段。社会在发展过程中对教育提出了很多新要求。学生在这一社会中也显现了不同于以往时代的新特点。在这一背景下，如何使当地的教育既能满足不同群体的不同需要，又能在较高水平上实现义务教育区域的均衡发展，无疑是一重要问题。又如，随着人民群众对升学需求的越来越强烈，如何使当地教育适应社会经济、科技与文化发展的实际需要等等问题，都是教育干部在推动地区教育发展过程中需要敏锐地感受到并能有效地予以解决的问题。发现与解决这些问题的能力是教育干部最重要的能力。

判断决策能力。教育的发展离不开当地经济、科技与文化的发展。在科学发展观指导下的教育发展要求教育必须适应当地社会的发展，从当地的实际出发。因而，准确地判断当地社会发展对教育的要求，使得教育能与当地的社会发展相适应，使得当地的各级各类教育能得到协调的发展，教育干部关于教育发展的科学决策能力至关重要。

表达能力。准确地表达自己的思想，这是对所有人的要求。然而，作为专业人员，他们应当熟悉自己专业领域的专业语言。教育干部要提升自己用专业语言表达自己思想与观点的能力，就要努力学习教育学、教育政策学、心理学、教育管理学等学科的理论，这样才有可能在指导当地的工作中，不闹笑话，不讲和少讲"外行话"。

评价与诊断问题的能力。教育干部要善于发现当地在教育发展过程中出现的各种问题。教育干部发现教育发展问题的能力就是教育干部的评价与诊断能力。这种能力的高低体现于对地区教育发展问题的发现是有意识的还是无意识的，是清晰的还是模糊的，是准确的还是大概的，是全面的还是片面的。科学地诊断地区教育发展中的问题，评价地区教育发展的程度需要教育干部掌握教育发展评价与诊断的基本理论，熟悉评价与诊断的基本技能。教育发展的评价与诊断是一项专业性很强的工作。教育干部要通过系统观察和仔细分析，认真调查，有时甚至要运用一些特殊的工具才能找到教育发展的问题，以及问题的症结所在，在这一基础上有针对性地制定相关政策，推动地区的教育发展。

教育干部要提升自己用专业语言表达自己思想与观点的能力

反思与研究的能力。它指教育干部在管理过程中自我反思、自我选择、自我调整、自我提高的能力。教育干部反思与研究的过程是一个自我学习的过程，它是教育干部在自我激励的基础上自我评价与自我诊断，在发现问题的基础上自我调节、自我提高的活动。教育干部学习能力的高低决定了他自我提高的程度。

①自我诊断能力。自我诊断能力应当是教育干部自我学习能力中的一个重要组成部分。教育干部管理效果好，领导能力强，这一能力并非是天生的，而是在教育实践中不断摸索、不断修正的结果。高水平教育干部的最大特点就是他们能及时发现自己的不足，然后，及时地加以改进。这种及时发现自己不足的能力就是自我诊断能力。

②自我调节能力。自我调节是教育干部在自我评价的基础上自我调整的一种活动。在解决社会新问题方面，教育干部发现了自己存在的不足，并在此基础上确定自己需要进一步努力的新方向，于是，他们不断地更新自己的知识，改进自己的管理，从而使自己走上一个新台阶。教育干部自我调节的能力也就是自我充实的能力。

教育干部在领导教育改革与发展过程中的自我调整、调节通常包括以下几个方面：

第一，能根据领导工作的变化及时地发现自己的不足，调整自己的知识结构与能力结构；

第二，能根据地区教育改革的需要调整自己的工作重点；

第三，能从地区教育的进展中发现自己需要改进的地方，并能迅速地达成自身的目标。

③自我提高能力。从自我诊断开始，经历了自我调整，最终得以自我提高。这一周而复始的活动就是教育干部自我发展的过程。这种活动的成功将增强教育干部的自信与自尊。而教育干部自信心的提高将在更大程度上增加教育干部自我发展的成功可能性。

发生在当今社会的教育问题并不是历史问题的简单重复

三、学习化社会中的学习策略

发现与发展自身的强势智慧

每个人都是独特的，教育干部也是如此，有些人善于逻辑思维、理性思考，有些人善于调查研究、概括实践。教育干部要善于发挥自己的长处，使自己的聪明才智得到最大程度的发挥。当然各种领导方式也是互补的。教育干部也要善于学习别人的长处弥补自己的不足，使自己的工作更有成效。

了解与满足社会的客观需要

任何书本的知识都是昨天的知识，昨天的知识是重要的，学习书本知识可以使我们吸取历史的教训，尽可能地少走弯路。但是，发生在当今社会的教育问题并不是历史问题的简单重复，因而，教育干部更要善于向社会学习，向实践学习，坚持以解决问题为本，围绕今天我国教育改革与发展中的问题进行研究与学习。解决教育问题不能就教育论教育，需要把我国的教育放在社会发展的大背景中去研究与解决。所谓立大志、明大势、干大事、成大师，就是说，教育干部要有远大的志向，更要明了社会发展的大趋势，从而能顺应社会发展的潮流，促进教育的发展，形成教育服务社会、社会支持教育的良好态势。

欣赏与学习他人的一切长处

创造需要智慧，更需要懂得继承。创造总是在继承前人成果基础上进行的。在理论界，以及在学校办学在内的各种社会实践中，有人总喜欢否定别人。事实上，在别人基础上的创造是"高起点"的，否定前人的过程就是将研究与实践的基础"归零"的过程，这种创造是"零起点"的，它导致的只能是"永远在废墟上重建"，在低水平上重复别人的工作。学会欣赏他人的长处就有可能使自己在别人的基础上创造出新的成就，就有可能把别人的长处转化为自己的长处，使自己得到更快的发展。

关于高层次人才培养的几点思考

在华东师范大学"高层次人才培养座谈会"上的讲演

高层次创新型人才培养是个复杂的，即使深入研究也难以给出全面、准确答案的课题。为此，我只能结合自己十多年从事博士研究生培养与全国名校长培训工作，谈三点最基本的认识。

一、改变一个人要从改变他的人生期望入手

高层次创新型人才的培养要从改变他的人生期望入手。俗话说：求其上者得其中，求其中者得其下。确实，

这是社会生活的一般真理：成大事者必先立大志。卓越的成果源于对卓越的追求。一个博士要成为一流的学者，就要有"追求卓越"的人生期望，这样他才有可能创造出辉煌的成果。作为一个校长，他也要有追求一流精神，有成为名校长、办出名学校的目标，这样他才有可能在办学过程中有所成就，使自己的学校成为地方名校、全国名校，乃至世界名校。一个人对生活的追求会变成他生活的动力，这种动力在很大程度上决定了他最终能发展到什么程度。人的追求与他最终能够取得的结果有密切的关系。如果他的追求是 100 分的话，结果能达到的80 分、90 分，如果他的期望只有 50 分，其结果是不难想象的。追求卓越、崇尚一流、拒绝平庸，这是任何一个一流的学者和组织必须具备的基本精神。勇于创造，自信自强，对自身的高期望、高目标是出大成果的前提。对自己没有信心的人，期望他能出高水平的成果几乎是不可能的。因而，我们要拒绝任何形式的平庸，杜绝不思进取的自我陶醉，形成不断创新、不断超越的社会环境，为高层次创新型人才的自我超越、自我发展提供良好的外部条件。

正因如此，不管博士研究生的培养，还是名校长的培训，首先要从改变他们的人生期望入手，要使他们有更高的追求。这其实是人才培养的一个普遍的规律，要改变一个人首先要改变他的人生期望，同样，改变一个学校首先要改变这个学校的校园精神，改变一个教师首先要改变他的工作期望，改变一个学生首先要改变他的人生目标。所

一个人对生活的追求会变成他生活的动力，这种动力在很大程度上决定了他最终能发展到什么程度

以在对一些学校提供指导的过程当中，我们建议学校做的第一件事，就是让学校编制自己的发展规划，让教师编写个人发展的计划，让学生去撰写自己成材的目标。为什么要强调这一点呢？说到底，我们是想通过这种途径去提升学校的精神、教师的追求和学生的期望。学校有了发展蓝图，就有了师生员工的共同"愿景"；教师明确了自己的追求，就有了前进的动力；学生确定了自己的人生目标，就有了前进的方向。当然，这一过程不仅是他们确定个人与组织目标的问题，更重要的是，在这一过程中通过组织与个人、个人与个人的相互作用，学校精神、教师追求和学生期望也得到了不断的提升。比如说，通过成材计划的制定，学生就能在明确自己应当成为怎样的人的基础上，对自己的学习与生活提出更高的要求。当然，学生成材计划可以是充满诗意的，可以是浪漫的，因为，对学生来说，他们人生目标是指向长远的。改变他们的人生期望，这是高层次创新型人才培养过程中的一项非常重要的工作。

当然，学生成材计划可以是充满诗意的，可以是浪漫的，因为，对学生来说，他们人生目标是指向长远的

在最近广东省中山市教育局与华东师大教育管理学院合作的"中山市初中优质化工程"中，我们华东师大的几位教授与上海、江苏的几位校长给中山市 15 所初中的建议就是从制定学校"十一五"发展规划、教师个人发展计划和学生成材计划入手，明确学校的发展目标，提升教师与学生的精神追求。这些活动取得了很好的效果。它的效果并不在于学校、教师和学生有了以文字形式存在的这些东西，而是在于学校师生的精神面貌发生了很大的变化，

教师有了研究课堂的极大的动力，学生有了努力成材的强烈愿望，这就为学校的发展和教育质量的提升奠定了坚实的基础。

二、享受生活首先要学会享受创造

在本质上，创造的过程是充满幸福的，享受生活首先要学会享受创造。因此，在高层次创新型人才培养中，要使他们真正地感受到，创造的过程就是享受的过程，这是一个非常重要的命题。这可以从下面几个方面来理解。

第一，对创造的追求本身就是幸福的。作为一个高层次创新型人才，他不应当停留在对生存与安全需要等方面的满足上，而应当发展到对人生价值实现的追求上。不断地重复"昨天的故事"，这样的生活对于一个充满创造欲望的人来说，简直就是一种折磨，毫无幸福可言。人需要有体面的生活，但更需要有精神充实的人生。随着我国社会的发展，对于大多数高层次的人才来说，基本生活已经能够得到保证。在这一基础上，把创造作为自己的追求，不断充实自己的精神生活，这样的人生才是幸福的人生，有滋有味的人生；这样的生活才是幸福的生活，有滋有味的生活。

第二，创造的成果使人感到幸福。著名的科学学家贝弗里奇说过：对于科学家来说，新发现"是人生最大的乐趣之一。它产生一种巨大的感情上的鼓舞和极大的幸福与满足，不仅是新事物的发现，而是对一个普遍规律的突然领悟都能造成同样狂喜的情感"。在这个意义上，研究成果对于研究工作者来说是一种别人难以分享的享受，因为创造成果能使他感到兴奋，感到自己人生价值得到了真正的实现。当看到自己在学术研究或社会实践工作方面做了一点工作，获得一点进步，取得了一点突破，相信每个人都会由衷地感到高兴。作为一个学者看到自己的论文或者专著得以发表，作为实践工作者看到自己在社会实践方面的创造得到了社会的承认，无疑都是一种极大的享受，这种享受不是其他物质的享受可以替代的。

第三，创造的过程也是幸福的。对高层次创新型的人才来说，创造的过程也是他们展现自己的聪明才智的过程。在这一意义上，创造的过程是一个舞台，人们可以在这个舞台上充分展现自己的身手。由挑战性的问题与挑战性问题——被解决所带来的愉悦是难以用语言表达的。

当然，由于每个人的专长不一样，所以在享受创造幸福的过程中，人们必须找准自己专长能得到最充分展现的领域。在几届博士生的讨论会上我都强调了这样一个观点：在选择课题的时候，研究人员要尽可能地选择和自己的兴趣、爱好与特长能有机结合的课题，要努力找到课题和自己的兴趣、爱好与特长的结合点。如果一个课题的研究对研究者来说是痛苦不堪的工作，是一种折磨的话，我就劝他们不要选择这个课题，我相信这个课题很难做得很完善。只有当这个课题研究工作本身，以及它的每一步、每个阶段发展对研究者来说都是一种享受时，这个课题就一定能够做好。反过来说，这一课题进展的每一步才能真

由挑战性的问题与挑战性问题——被解决所带来的愉悦是难以用语言表达的

正成为研究工作者的享受。

创造的过程就是一个人享受生活的过程。其实学习的过程对学习者来说也有可能成为享受生活的过程。如果学习能成为享受的话，那么学习对他来说就不会是痛苦的。对真善美的追求本身就是一个享受。也正是基于这种认识，我曾经建议哈尔滨师大附属中学沙洪泽校长把他撰写的专著题目确定为："教育——为了人的幸福。"在高层次创新型培养人才的过程中，我们要努力培养学生的这种素质：把创造本身当作享受，当作是对幸福的追求的过程。他们的这种感受不应当是外加的，而应当是发自内心的。作为导师，在高层次人才培养过程中的一个重要任务就是要通过提升学生的人生追求，把他们的人生追求提升到学会创造，勇于创造，把创造当作享受生活，享受人生，享受幸福的这样一种人生境界。

对于校长来说，塑造校园文化最重要的是塑造校园精神。这在本质上就是提升教职员工的价值追求，提升他们的人生期望，把他们的人生期望提升到追求创造的这样一个程度。我非常认同这样的一个观点：教育是充满智慧的。教育充满智慧指的是教育传递的是智慧，传递智慧需要有智慧的方式、智慧的手段、智慧的途径，否则，智慧的传递就有可能七折八扣。正是在这一意义上，我们强调：要使教育成为一个充满智慧的事业，就一定要使教和学成为

充满创造的活动。教师
不应该只是一个教书匠，
教师应该是教学活动的
创造者，教师不能年复
一年地重复自己的教案，
要不断研究社会的新问
题，研究学生的新特点。
在这个基础上创造性地

进行教学活动，提升学校的教育教学质量，促进学生的发
展，在这个基础上促进社会的发展。

三、创造就是多走一步，早走一步，再走一步

"创造"是一很大的字眼，人们把它看得非常神圣，
以至于在不少人看来，创造只是少数天才享有的特权。其
实，可以把创造看得简单一些。所谓创造说到底就是在某
一领域或某一方面比别人多走一步，早走一步，或者在自
己原有的基础上再走一步。一般来说，人都有创造的冲
动，都能在创造中享受幸福。教育要提升人的创造能力就
要从创造活动的这一本质出发，这样才能取得它应有的
实效。

"创造就是比别人多走一步。"在某一领域或某一方
面，前人已经走了 100 步，在这一基础上你走的第 101 步
就是创造，就是你的贡献。立足现实，努力在别人 100 步

的基础上跨出第 101 步，这就是我们的追求。创造不可能一蹴而就，"尽善尽美"只是一个理想。课题研究和实践探索的过程事实上是一充满遗憾的过程。人们总是遗憾有许多问题自己一下子解决不了。其实，这是很正常的。社会与自然界的很多问题需要人们逐步地加以认识，一步一步地加以解决。试图一步登天，一下子解决某个领域的所有问题，这几乎是不可能的。一步一步地前进，一点一点地积累，这就是创造活动的规律。

在前人、别人基础上的创造是"高起点"的

创造需要智慧，更需要懂得继承。创造总是在继承前人成果基础上进行的。在理论研究，以及包括学校办学在内的各种社会实践中，有人总喜欢否定前人，否定别人。事实上，在前人、别人基础上的创造是"高起点"的；否定前人与别人的过程就是将研究与实践的基础"归零"的过程，这种活动是"零起点"的，它导致的只能是"永远在废墟上重建"，在低水平上重复前人或别人的工作，与此同时，还自以为自己在不断地"创造"。这是非常可悲的，但在我国社会科学研究与社会实践中，这并非鲜见的现象。

继承他人的成果，就要善于发现、欣赏、理解他人的成就，然后在他人的基础上把理论研究或社会实践推向新的阶段。所谓发现就是能够看到别人工作的闪光点与创新点；所谓欣赏就是发自内心地为他人取得的成就而高兴，为这一领域的新进展而鼓舞；所谓理解就是能够充分地把握他人成就的本质，从而为自己创新性的工作找到新起点。

"创造就是比别人早走一步。"比别人多走一步当然还有时间的一个要求，因为在科学研究上，从来是只有冠军没有亚军，争夺的是首创权。如果你跨出的一步落在人家之后是没有意义的，或者说这一步不是你的创造。要多走一步，在时间上就要早走一步。努力使自己在工作上更勤奋一点，这是学者的一个共同特点。我们实践工作者，尤其是中国重点中学校长要在教育改革过程中引领教育改革的发展，一定要比别人作出更多的努力，能走得更早，在走得更早的基础上走得更远，那么我们就能为中国教育，能为社会发展作出自己的贡献。

"比别人早走一步"也要遵循科学研究与社会实践的客观规律

有不少人希望自己的事业能有"超常规"的发展，用几天的时间来走完别人用几个月，甚至几年才走完的路程。这种心情是可以理解的。然而，何谓常规？"常"就是不变，"规"就是规律。超越不变的规律是不可能的，谁试图去超越不变的规律，其结果只能是在规律面前碰得头破血流。因而，"比别人早走一步"也要遵循科学研究与社会实践的客观规律。投机并不一定能取得了巧，最近一些学术造假者纷纷被揭露，得了个身败名裂的下场，这些教训是任何学者都要认真吸取的。

当然，避免别人走过的弯路，这是可能的。因而，"比别人早走一步"既要比别人走得勤一点，也要努力比别人走得巧一点，就是在对科学研究与社会实践规律的认识上要努力比别人更深刻一点。

"创造就是在原有的基础上再走一步。"所谓创造过程也是一个对自己不断否定的过程，在自己的 101 步基础上跨出第 102 步，可能别人在你的 101 步的基础上已经跨出第 102 步，那么我们就要努力跨出第 103 步。创造就是这样一个过程。任何创造不可能在一个早上完成，它是一项需要我们持续不断地努力的事业。否定自己是痛苦的，尤其是在自己的成就已被社会认可之后。然而，没有对自己的否定，就很难有新的突破。

怎么才能使自己比别人早走一步，比别人多走一步，在原有的基础上再走一步呢？在我看来，其实唯一的办法就是比别人对实践的概括或认识更深刻一点。因为任何理论都是来源于实践，没有实践的理论是空洞的，理论指导实践，实践滋养理论。实践为认识问题、概括问题提供了一个良好的基础和条件，使对问题的认识更深刻、更全面。所谓创造就是在实践认识的基础上的概括，当然理论工作者对理论的建设有着特殊的要求。这个特殊的要求是什么呢？理论建构的过程是概念化和概念系统化的过程。就是把实践问题提炼成一个概念，找到问题的本质，用概念去揭示这一本质。这就是理论工作者的任务：把问题和现实事物转化为概念。当然，理论体系的建设不仅仅是概念化，还需要概念的系统化。所谓概念的系统化，就是要找到概念与概念之间的关系。运用概念来反映实践的发展，通过概念来推演实践发生、发展的过程。所以在这个意义上理论的构建无非就是两件事，一件就是把实践中的问题提炼成概念，使之概念化，然后在这个基础上找到概念和概念之间的相互联系，使概念体系化。通过概念化和概念的体系化可以从本质上，从深刻的规律性上反映实践成果，通过它来达到去粗取精、去伪存真的目的。马克思主义认为：历史的分析和逻辑的分析是一致的。所谓逻辑的分析就是概念的分析，所谓历史的分析就是现实生活发生发展过程的分析，两者是相互联系的。当然逻辑分析更为深刻，是排除偶然性的历史分析，历史在发展过程中会受到多种偶然因素的影响，作为理论工作者就是要努力排除那些偶然的因素，在这个基础上把握住真正的本质。

当然，"现象是反映本质的，但现象有时会歪曲地反映本质"。如果现象和本质完全一致的话，任何科学研究就没有存在的意义，没有什么价值了。因为本质通过现象已经全部反映，只要把它总结起来就可以了。在这一意义上，理论工作者的重要任务就是去粗取精，去伪存真。

今天所谈的这些粗浅想法，概括起来有三点：改变一个人的关键是改变一个人的期望；高层次人才培养要使他们在享受生活的过程中学会享受创造，创造就是幸福，创造的过程是幸福的，创造的成果是幸福的，对创造的追求更加幸福；所谓创造也就是比别人先走一步，比别人多走一步，通过一步一步的积累才能成就自己的一番事业，使我们的学术发展和实践工作都能产生社会影响，推动社会的进步。社会的进步在自然史上表现为一年年的积累，学术进步就是随着社会发展我们对这些领域有越来越深刻的认识，对理念有越来越多的积累。

冲突解决的途径和方法

2007 年 6 月在华东师大公共管理学院 2007 年
学术沙龙闭幕式上的讲演

冲突就是矛盾，它包括个体内心的动机斗争，也包括
人群内部的矛盾冲突等多个方面，这些都是管理学所要研
究的重要问题。对于学校来说，正确地解决这些冲突对于
实现有效的领导，创造良好的环境和风气，调动师生员工
的积极性，团结一致地去完成组织的目标有重要意义。为
此，值得下工夫对这些问题作一些探讨。但由于时间的原
因，今天我们只能就人际之间的冲突类别，及其形成的原
因和解决的途径作些探讨。

一、冲突的类型及其形成

为了正确地解决冲突，有必要对形成冲突的原因进行研究。分析表明，就形成的原因来说，人际关系的冲突一般可分为四种类型。

1. 认知性冲突。认知性冲突主要是由信息因素、知识因素和价值观因素引起的。信息因素是指人们的信息来源渠道和掌握程度不同，彼此之间不通气造成的冲突因素。比如，几位任课教师不了解学生情况，彼此又不通气，同时布置了大量作业，学生未能及时完成，教师由此感到不满，对学生进行了尖锐的批评，结果造成了学生的反感，引起了冲突，这种冲突就是信息因素造成的冲突。知识因素指由于人们的知识水平、生活经历各不相同，因而对同一事物有不同的认识。个体根据这种认识处理工作由此造成的冲突就是知识因素造成的冲突。价值观因素与上述两种因素不同，它是由于人们对生活的态度和行为准则不同而引起冲突的一种因素。个体的价值观不同，对是非、好坏就有不同的看法，因而在各种事物的处理中会诱发矛盾，形成冲突。这种冲突因素称为价值观因素。由信息因素、知识因素、价值观因素引起的冲突都属于认知性冲突。这种冲突随着双方认识趋于一致就能得到缓解与克服。

2. 感情性冲突。感情性冲突是一种由非理性因素引起并为这种非理性因素所控制的冲突，它也可能由认知性因素或其他因素所诱发，最后由非理性因素所支配的冲突。个体的相抵是非理性因素冲突最常见的诱因。这种冲突往往具有持久性，对事业的破坏也较大，需要慎重处理与对待。

3. 利益性冲突。利益性冲突是一种由本位因素引起的目标冲突。社会中的个人和群体在处理问题时，由于各自的任务不同，地位和职责不同，所关心的利益不同，各自从自己或本单位利益出发就有可能引起矛盾和冲突，这种冲突就是利益冲突。利益性冲突是一种带有根本性的冲突，利益问题不解决，这种冲突是很难克服的。

4. 个性性冲突。个性性冲突是由性格、脾气等相同或不同而引起的冲突。个性性冲突通常发生在个体之间。两人个性相同可能发生冲突，比如两个脾气都很急躁的人在一起，可能会发生冲突；两人脾气截然不同的人也可能发生冲突。这种冲突在单位中会发生，在家庭中也可能发生。夫妻两人由于脾气不同，行事风格各异而产生的冲突屡见不鲜。

当然，有冲突并不一定是坏事，现代管理学研究的结果认为，冲突可以分为两种类型：建设性冲突与破坏性冲突。建设性冲突可以成为激发动机的因素，破坏性冲突则削弱群体的凝聚力。那么，如何才能限制破坏性冲突呢？

从冲突的结果来看不外乎三种可能：一胜一败；二败俱伤；二者俱胜。显然前面两种结果都不是理想的结果，这些结果往往潜伏着第二次更大的冲突。因此作为领导干部应尽可能地避免这种结果的出现。第三种结果在双方都比较满意的基础上解决冲突才是可取的解决问题的方法。为了达到这一目的，领导者必须认真研究形成冲突的原因，从而有针对性地采取措施，这样才能取得较好的效果。下面，我们将根据前述四种类型冲突的形成原因，探讨解决的途径与方法。

二、认知性冲突解决的途径与方法

认知性冲突是由信息、知识和价值观因素引起的，因此，事前消除这些可能产生的因素让冲突消失在未发生之前，无疑是解决这类冲突的最好的方法。在冲突产生之后，则可从教育等各项措施入手，逐步提高冲突双方的思想认识，以期使他们对问题达到一致的看法。根据这类冲突的特点，消除产生冲突的潜在因素可以从以下几个方面入手：

1. 安排个体与群体的交往，增加思想交流、沟通的机会，建立一定的对话、协商制度。信息得到交流，认识逐渐趋向一致，矛盾就比较容易解决。比如，增加管理工作的透明度，就有助于减少领导者与被领导者之间的冲突。其原因就在于形成冲突的信息差异的因素得到了有效的克服。

信息得到交流，认识逐渐趋向一致，矛盾就比较容易解决

这里需要强调的是，由于领导干部一直处在强势的地位，职工群众对他们十分敬畏，通常都不愿意与他们进行思想的交流。然而，有的领导干部还自以为是地认为，本单位干群关系很好，群众对他们都很信任。其实不然，职

会见加拿大同行

工群众对他们是敬而远之的，这样的单位是潜伏着极大的干群冲突危机的。比如，由我们发展性教育质量保障课题组设计的"教师情绪调查表"中有这样两道题：

（1）平时如果工作与生活上有什么问题，我愿意与校长或学校有关领导沟通。

（2）无论在校内还是校外，见到校长或学校其他领导，只要有可能我总是尽量避开，最好不要和他们见面。

调查结果表明：在不少学校在第一题上持否定态度的比例很高；而在第二题上持肯定态度的比例不小。这两题是相互印证的。这一事实表明，该单位已经出现了严重的群众对干部的信任危机。如果让群众投票选举的话，这些干部很可能面临下台的危险。对这样的单位，我们的建议是：有关领导要注意倾听群众的意见。当然，领导干部要能听到群众的心里话，首先要取得群众的信任。在这样情况下，领导干部不仅要关心群众在工作中遇到的困难，还要关心群众生活中的疾苦，不要老是高高在上。领导得到了群众的信任，信息就能得到有效沟通，干群之间的矛盾就能得到有效的化解。

2. 提供学习机会，提高成员的知识水准和观念水平。在冲突的双方有一方的经验不足，知识水平过低或观念较为落后的情况下，为其提供适当的学习机会，使这种状况得到迅速的改变，这是消除潜在冲突的一种必要措施。在改革中我们常常看到，有些人对改革认识不足，对改革者的行为总看不顺眼，这是形成和改革者冲突的重要原因。通过学习，这些人对改革的认识提高了，他们就会变指责为支持，这就可以把冲突因素转化为推动因素。

当前我国教育改革正在逐步地向纵深发展，新旧教育教学观念正处在激烈的交锋之中。"学科本位"、"升学第一"等陈旧的观念在相当部分的教育工作者中还有很大的市场。有些领导干部全然不顾这一事实，试图凭一纸红头文件，一道行政命令就强行推进教育改革。其结果是不难想象的。在教育改革过程中，有不少领导常常抱怨的所谓落差就是这一现象的集中反应。改革的设计者的理念到了基层就被打了一个折扣，从校长到教师又被再打了一个折扣，所以改革的理念和措施与实际执行的效果有很大差距。不从缩小冲突双方观念的差距入手，教育改革是很难取得真正成果的。

教育改革是一场需要全体教职员工，尤其是教师理解与支持的活动。因此，提供学习机会，提高他们的知识水准和观念水平有重要意义。为此，在不少地区，教育行政部门和学校通过举办教师专业发展学校，组织教师参与各种进修提高性的活动，以增加教师对教育改革的理解，并在这一过程中逐步提高教师的教学观念，这对极大地降低教育改革过程中的矛盾与冲突有十分明显的效果。

3. 改革群体结构，进行组织调整。研究表明，在一个群体中，个体知识水准和才能水平过于悬殊容易造成冲突，价值观念相悖也很难共事。如果经过组织采取各种措施，如通过对话与协商，提供进修与学习的机会，仍在相当的时间内就是见不到效果，这时组织调整是必要的举措。当然，在组织调整中，要注意个体知识、才能与价值认识的适当平衡。在已经形成认知性冲突，尤其当这种冲突已发展成情感性冲突的场合，进行组织调整对迅速地改变组织的状况有重要意义，否则对事业的发展是极为不利的。

在已经形成认知性冲突，尤其当这种冲突已发展成情感性冲突的场合，进行组织调整对迅速地改变组织的状况有重要意义

三、感情性冲突解决的途径与方法

感情性冲突是一种非理性的冲突，然而解决这种冲突却需要理性的办法。其基本的途径就是不断地提高冲突双方的理性水平，冲突双方理性水平提高了，这类冲突就能得到有效的解决。就操作而言，解决感情性冲突可有以下几种方法：

1. 后果提示法。后果提示法就是通过充分地提示非理性因素对事业的危害，使冲突双方认识到冲突的后果，从而使他们降低冲突强度的方法。运用后果提示法最好能运用类似的典型的事例，使冲突双方从类似的事件中吸取教训。运用后果提示法还可以例举某些由双方冲突而已经造成损失的事实，从而使冲突双方在事实面前能够猛醒，从而使他们逐步地增加理性因素，克服个人意气，齐心协力地搞好工作。

2. 降低强度法。降低强度法的实践基础是社会生活中的"对等行为"。所谓以牙还牙以血还血，就是对等行为最通俗的表述，你怎么对我，我就怎么对你，这是人与人

之间在处理感情问题上常见的现象。基于这一事实，在解决感情性冲突的时候人们就要努力争取冲突的一方首先降低冲突的强度。研究表明，一方首先降低冲突强度往往会导致另一方采取对等行动，从而形成解决冲突的良好开端，为冲突双方建立正常关系奠定良性循环的必要的基础。当然，争取一方首先降低冲突的强度往往需要进行大量的教育工作。在实践中这一方法常与后果提示法结合在一起使用。

此外，解决感情性冲突的方法还有批评教育与采取行政措施等方法。个别人置组织利益与国家的事业于不顾，整天沉湎于个人之间的无原则纠纷中，经教育不改，或屡教屡犯的，组织上也要及时采取措施进行干预，包括必要的人事调整，否则既害了他们自己，也会贻误学校的工作。

四、利益性冲突解决的途径与方法

利益性冲突是冲突中最难解决的一种。从对策论的观点来看，利益的冲突是冲突的各方各自追求自身利益最大化活动过程的冲突。为讨论的方便，这里我们先引入几个概念：策略、对策、零和对策与非零和对策。

1. 策略。简单地说，策略就是人们为实现预期的目标或解决特定的问题而采取的措施、途径、方法与手段。人们为解决问题，实现预期目标总要想出一些措施、方法与手段，这些措施、方法与手段就是策略。

2. 对策。在对策论中，对策有特定的含义，它只指存在着明确竞争对手时，人们采用的策略。在日常生活中，人们常把针对特定问题时采用的方法与手段叫作对策。比如，在我们不少学校中教师队伍存在一些问题，针对这些问题学校采取一些促进教师发展的措施，人们把这些措施叫作对策。其实这些措施就是策略，因为任何策略总是针对特定问题的。在对策论中"对策"只是指针对对手的策略。

对策又有两种类型：零和对策与非零和对策。

3. 零和对策。竞争双方利益之和为常量情况下的对策，即不管竞争双方的利益有什么变化，他们的利益之和不变化。零和对策的结果只有一个即你胜我败或你输我赢。

4. 非零和对策。竞争双方利益之和为变量情况下的对策，即竞争双方的利益之和可能增加也可能减少的状况下的对策。非零和对策的存在使得竞争双方有了合作的可能，有了竞争双方的利益同时得到增加的可能。所谓双赢、多赢与共赢就是在这种状况下形成的，这是人们所追求的理想结果。

回过来说，根据对策论的观点看，解决利益冲突最关键的是把冲突双方的对策

与美国哥伦比亚教育学院院长

从零和转化为非零和，达到"双赢"、"多赢"与"共赢"的结果。

当然，把零和转化为非零和并不是一项简单的工作，它要因时因地采用不同的方法。

1. 把一元目标最优转化为多元目标最优。什么是利益？有人说，利益就是"好处"。其实"好处"只是利益的另一种说法，它并没有说出利益的本质。苏联著名的哲学家波波夫曾经说过这样意思的一段话：利益是人对自身需要的清醒的认识。按照美国心理学家马斯洛的需要层次理论，人有生存的需要、安全的需要、社会交往的需要、自尊与尊重的需要，以及自我实现的需要。当人认识到自己的这种需要的时候，这一需要就转化为他的利益。当人还没认识这种需要时，它还只是潜在的需要。人的需要是多样的，这就决定了人的利益也是多元的。因而，我们千万不要把利益仅仅看成经济利益，事实上它还包括各种精神上的、社会性的各种需要在内。从这一事实出发，当竞争双方仅仅把经济利益当作全部利益的时候，启发冲突当事人他们所拥有的其他利益，把他们潜在的需要转化为现实的利益，让其达到多元利益的最大化，这就实现了利益之和的增值，实现竞争双方双赢的目标。事实上，在社会生活中，人们追求的是多元目标利益的综合值最大。但在有些时候，很多人并没有自觉地意识到这一点。因而，通过教育引导人们调整需要结构，调整人们对利益的看法，这是缓解和解决矛盾和冲突的重要途径。

通过教育引导人们调整需要结构，调整人们对利益的看法，这是缓解和解决矛盾和冲突的重要途径

2. 把短期最优转化为长期积累最优。无论个体还是群体在追求利益最大化的时候，如果只是注重短期的利益，往往有可能失去长期更多的利益。因而，在考察策略最优的时候还必须注意短期最优和长期最优的关系问题。在社会上，商业部门推行薄利多销的策略就是一个把短期最优转化为长期最优的最典型例子。把100元成本的货物卖到200元，有100%的利润，卖到120元只有20%的利润。如果从短期利润最大化的角度来说，商店当然愿意把商品卖到200元钱。但是，由于价格偏高，所以200元钱的商品每天卖不了1～2件。而另一商店，以120元出售，每天能卖20～30件。虽然，薄利在短期内并非是最优的，但通过累积可以取得比暴利更多的利润，这就是通过长期积累带来的利益。

教育是指向长远的事业。教育工作者尤其要注意克服办学过程中的短期行为。有些学校一直在用平均分、升学率来评价教师的教学，在短期里学校的升学率可能会有一定程度的提高，但是，从长远来看，它造成了教师间的恶性竞争，不利于学生长远的发展。对这一问题一定要引起我们学校领导的高度重视。在解决人际矛盾的过程中，我们学校领导也要鼓励教师不要计较一时一事的得失，要从长远的观点来看自身的发展，这在很大程度上可以降低学校内人际关系的矛盾。

与美国纽约大学教育学院院长

3. 把绝对最优转化为相对最优。所谓绝对最优指利益绝对值最大；所谓相对最优指个体得到的利益除以他的贡献后相对值的最大。1965 年，美国著名心理学家亚当斯提出了一个公平关系方程式：

$$\frac{U_p}{I_p} = \frac{O_o}{I_o}$$

式中 U_p 表示一个人对自己所获得的报酬和奖励的感觉，O_o 表示他对被比较对象所获得的报酬和奖励的感觉；I_p 表示他对自己所作出的投入的感觉，I_o 是他对被比较对象所作出的投入的感觉。亚当斯认为，只有当上式得到满足时，个体才会认为这个奖励是公平的。此式的科学性程度究竟如何当然还很值得研究，但它至少有一点可以给我们启示：个体在追求最优的过程中，对他最有激励作用的是相对的最优。借助各种行政手段，积极地引导冲突双方追求相对最优并在这一过程中使他们的相对利益达到平衡，就有可能把破坏性的冲突转化为积极的竞争。

把绝对最优转化相对最优，要求我们的学校领导在处理教职工利益的过程中做到公平公正。如果不公平不公正，尽管学校发的奖酬金不少，但仍可能无法起到激励的作用，相反倒有可能引起教职工之间的矛盾。这是需要我们学校领导特别重视的。

试图从改变人的性格与脾气入手去解决个性性冲突几乎没有成功的可能

五、个性性冲突解决的途径与方法

如前所述，个性性冲突是由性格与脾气等因素引起的冲突。人的性格与脾气在短期内是很难改变的。因而，试图从改变人的性格与脾气入手去解决个性性冲突几乎没有成功的可能。

对一个组织来说，优化组织结构可能是预防与降低个性性冲突最有效的途径。在学校领导班子里既需要有办事果断的成员，他们敢说敢为，能积极地推动学校各项事业改革与发展，同时，也需要有办事缜密、具有相当耐心的成员。个性的互补有助于预防与降低组织内部的各种矛盾。

当然，由于人的性格千差万别，优化组合不同个性的成员以达到组织效能的最大，矛盾与冲突产生的可能最小，这是一个值得进一步研究的重要问题。

ISO9000，中小学不宜

在教育部中学校长培训中心第二期澳门
中小学校长研修班上的演讲

源于产品质量管理的 ISO9000 质量认证制度，近年来对我国教育界产生了很大的影响。有不少中小学已经或正在准备引进 ISO9000 质量认证的程序与方法。ISO9000 质量认证制度的基本思想对中小学管理是有重要启示意义的。但是，由于中小学教育有着区别于工商业的很多重要特点，理论分析与实践的调查都表明，中小学不宜直接引进工商业品质管理的 ISO9000 质量认证制度。

一、中小学引进 ISO9000 的问题

ISO 是"国际标准化组织（International Organization for Standardization）"的英语简称。它成立于 1947 年 2 月 23 日，前身是 1928 年成立的"国际标准化协会国际联合会（简称 ISA）"。ISO 共有 2856 个技术机构，其中技术委员会（简称 TC）185 个，分技术委员会（简称 SC）611 个，工作组（WG）2022 个，特别工作组 38 个。成立于 1980 年的"品质保证技术委员会"是其中的第 176 个技术委员会，1987 年它更名为"品质管理和品质保证技术委员会"。这个委员会（简称 TC176）专门负责制定品质管理和品质保证技术的标准。"ISO9000"就是由这个委员会制定的一族标准的统称，而不是单指某一标准。根据 ISO9000－1：1994 的定义，ISO9000 族是由 ISO/TC176 制定的所有国际标准的统称。

从实践来看，ISO9000 在不少领域，甚至包括高等教育的不少领域都取得了很大的成功，并且，它的一些重要的思想对中小学教育质量的管理也有很大的启示，但是由于下述的一些原因，直接将 ISO9000 运用于中小学有可能带来一定的问题。

1. 标准化与多样化。ISO 宣称它的宗旨是"在世界上促进标准化及其相关活动的发展，以便于商品和服务的国际交换，在智力、科学、技术和经济领域开展合作"。ISO9000 试图通过品质管理程序的标准化来确保各类产品

达到既定的质量要求。显然，"标准化"是 ISO 作为一个组织的核心概念。它正是通过"促进标准化及其相关活动"来达到"商品和服务的国际交换"以及各个领域的合作。如果，教育要引进 ISO9000，一旦涉及到"标准化"这一根本问题，显然是不能例外的。从一些引进 ISO9000 质量保证模式的高等学校来看，在教学质量的管理中，他们都要求对教学过程中的关键活动作出标准化的解释，并要求对其成果给出具体的实证指标，对于一些定性的描述这一模式是不太重视的，这正反映了 ISO9000 的这一基本思想。

教育与教育品质
管理需要标准，但不
能也不应当标准化

然而，教育是促进人的自由而全面发展的社会活动。个性与多样性是教育活动的生命所在。教育与教育品质管理需要标准，但不能也不应当标准化。在教育上，标准化的考试可以较好地反映学生在基本知识与基本技能方面的水平，但也在很大程度上束缚了学生高层次智慧技能的发挥。同样，在较低的水平上，教育质量和教育质量管理的标准化可以有效地提升学校教育的水平，但在较高的水平上，它又可能束缚学校的创新和学校的办学特色，影响学校的个性与学生发展的个性。

2."用户至上"与"学生发展为本"。ISO9000 质量保证模式深深地印上了"市场化"的烙印，其基本原则就是"用户利益至上"，满足用户需要就是这一模式的根本宗旨。在工商业界，"用户利益至上"无疑是一个无可指摘的原则。然而，在教育的范围内，尤其是中小学教育的范围内，"用户"与"用户利益"是十分模糊的概念。"用

户"是学生、学生家长还是社会用人部门？这一概念并没有明确的界定，在实践中也常被人们随心所欲地加以解释。

教育是满足学生和国家、民族长远发展需要的事业，它应当而且只能以学生的发展作为一切活动的出发点，以国家与民族的发展作为根本的归宿。不恰当地强调"用户利益至上"，很可能导致教育上的短视。遗憾的是，在少数急于引进 ISO9000 的民办学校，这种教育上的短视已经成为了现实。因为家长是学生学费的实际支付者，因此，家长的需要，尤其是家长对子女升学的需要就成了学校为之努力的最高目标。

3.承诺与持续改进。ISO9000 是以生产商对客户作出关于产品质量的承诺为基本方式的。承诺就是企业做出的产品达到怎样的技术标准，否则企业将对客户承担什么责任的保证。承诺是企业自我加压和取信于客户的基本途径，它在 ISO9000 中有重要意义。

然而在中小学，学校除了承诺"坚决贯彻国家教育方针"、"全面实施素质教育"、"依照国家教育法规与政策办学"和"不断提高教育质量"以外，它还能作出什么承诺？它能承诺学生一定掌握多少知识，还是能承诺学生思维一定达到什么水平？如果学生达不到承诺的标准，学校能够"包赔"、"包换"还是"包退"？显然，没有一所学校能达到这一要求。

对于现代的学校，注重持续改进比注重向社会作出承诺更有现实的意义。现代学校相信，在当前这样一个充满

不恰当地强调"用户利益至上"，很可能导致教育上的短视

变化的时代，任何一个自以为能做成什么，满足于眼前利益的学校，落伍是必然的。为此，学校要通过需求分析、问题诊断、对策建议和行为改进，实现"今天比昨天好"、"明天比今天好"、"一天比一天好"。"让我们做得更好"是现代学校的基本追求。学校质量管理的目的就在于帮助学校做得更好，促进学校的不断完善。

4. 文本与人本。在 ISO9000 的质量保证模式中，文本是一种重要的管理手段，它通过质量政策和各种质量活动持续的记录与分析，来实现预定的管理目的。

但是"文本"不能代替"人本"，即以人为本位的管理。注重人的感情，重视人的潜力，发挥每一个人的积极性、主动性与创造性是现代教育能取得成功的基础。教育是充满智慧的事业，教师不应当只是一个教书匠，不能只是年复一年地重复教材与教案。因而，这一过程只强调文本是远远不够的。更何况，在一些试图推行 ISO9000 的学校，"文本"已有"文山"之嫌，填不完的报表反倒束缚了人的手脚，使人忘记了对人的关心。

二、中小学借鉴 ISO9000 的意义

当然，ISO9000 也有着很多值得中小学在教育质量管理上认真借鉴的思想，这些思想主要有：

1. 它提供的是一种体制性的保障。相对于其他零散的管理方法来说，ISO9000 提供的是一个完整的质量保障框架，并且，它把整个活动融入了组织的整体结构之中，并

贯穿在组织活动的所有方面，因而，对组织产生的是根本性的影响，对质量提供的是根本性的保障。

2. 它提供的是一种内生性的质量保障程序。虽然，ISO9000 需要由独立的机构或第三方进行定期的"质量审计"，但它通过组织"使命"的明确，以及一致同意的管理方法和完成任务的标准，把质量保障的责任交给了组织内部的成员。它并非是依赖外部机构的监督而实现质量保障的。依赖组织成员的主动性与积极性，而不是依赖外部监督，这是 ISO9000 的一个重要特征。

3. 它要求的是一种全员性的保障。ISO9000 要求的是全员的参与。质量并不是仅仅靠几个质量监督员就能解决的问题，即使在产品品质的保证中，它也需要所有成员的共同努力，ISO9000 对此给予了特别的关注，这是具有特别重要的意义的。

4. 它提供的是一套可操作的质量管理的方法。ISO9000 提供的不只是一些理念，而是一整套操作的方法。这就使应用单位在实施过程中得到了极大的方便。这也是 ISO9000 的一个重要特征。

上述特征决定了，在中小学借鉴 ISO9000 的管理思想还是具有重要意义的。

三、超越 ISO9000，中小学教育质量管理的选择

作为一种在工商业界已经取得成功的质量管理的模

式，ISO9000 有它不少独到的方面，这些方面对于学校教育质量的管理来说是需要认真吸取的。然而，吸取绝不能是简单的照搬。上海的一些学校在建设和发展过程中已经创造出了一些经验，这些经验以 ISO9000 为基础，又从学校教育的实际出发，超越 ISO9000，是很值得总结的。我们把这一模式称为"发展性教育质量保障"。

发展性教育质量保障是学校可持续发展战略的主要措施，它以学校的发展为保障的对象，以学校的质量文化为基础，以不断完善学校的发展机制和管理制度为途径，以对学校各项工作的评价为手段，根据变动着的社会需要来调整学校的发展目标，经常性地诊断学校在发展过程中的关键因素，持续地关心学校发展的过程，以保障学校的稳步发展。

发展性学校的教育质量保障体系以学校发展为保障对象，通过学校的各种质量保障活动，不断增强学校发展潜力和发展可能，并最终将发展的潜力和可能变为发展的现实。

发展性学校的教育质量保障体系以学校"追求卓越"、"崇尚一流"和"以质量为学校的生命"的质量文化为基础，把质量的完善看作是学校和教师自我控制的过程，是学校和教师在自我激励的基础上自我评价、自我诊断、自我调节、自加压力、自寻动力的活动，是学校不断前进、不断创新（包括制度的创新、机制的创新、教育方法与技术的创新等）的过程。

发展性教育质量保障体系以不断完善学校的发展机制

和管理制度为途径，把建章立制与激励员工完美地结合起来，促进学校稳步发展。

学校的教育质量保障体系以对各项工作的诊断与评价为手段，为学校教育教学和管理工作提供反馈信息，其中特别关注这样几个方面。

1. 学校发展目标。学校目标决定着学校的发展方向与资源分配，因而，科学地确定学校发展目标，对学校有十分重要的作用。学校将通过定期分析社会需求和学校发展的基础，适时地调整学校发展的目标。

2. 学校发展潜力与关键因素。学校的目标不可能自动地达成和实现。学校目标可能实现的程度和影响学校发展的因素有关，为此，学校将经常地诊断与评价学校发展的潜力与关键因素，有针对性地改善学校的有关工作，全面地提升学校的实力。

3. 学校发展过程。学校将定期地对发展过程中的输入、教育过程和输出进行分析，以期能找出各个阶段可能存在的问题，寻求恰当的管理对策，推动各项工作顺利进行。

4. 学校发展成果。学校将从学生个体发展与整体声誉提高两方面来检验工作的成果，为教育教学和管理工作提供反馈信息。

发展性教育质量保障认为：学校的校园应当成为绿色校园，学校教育应当成为绿色教育。绿色食品是健康食品，绿色冰箱是环保冰箱，绿色校园是可持续发展的校园，绿色教育就是可持续发展的教育。靠题海战术获得毕

发展性教育质量保障认为：学校的校园应当成为绿色校园，学校教育应当成为绿色教育

业文凭的学生是不可能持续发展的；不从事科学研究的教师是不可能得到提高的；靠拼教师体力、学校设备的教育是不可持续发展的。可持续发展的教育与可持续发展的校园需要有体制的保证，这一体制就是学校的教育质量保障。

发展性教育质量保障相信：只有依靠学校和教师自身的努力，才有可能真正实现保障与提高学校教育质量的目标。学校的发展需要外部的支持，更要靠自身的努力。政府和社会对学校的支持确实对学校的发展有重要的作用。但是，学校的发展更要靠自身的努力，政府和社会对学校的支持也要靠学校自身的努力才能获得。学校的教育质量保障活动，把主要的依靠放在自己的身上，试图通过自身的努力来寻求发展的机遇，其中包括，通过依靠自身的努力来赢得政府和社会的支持。

学校发展性教育质量保障体系的建设主要有下述几方面的工作：

学校质量文化的建设

学校质量文化的建设是一项基础性的工作。它包括创建"崇尚一流，追求卓越"的校园精神和创业者的价值观念，塑造团结和谐的人际氛围，形成不断创造的学术环境。

学校管理机制与规章制度建设

学校的管理机制建设包括预警机制、重大问题全校师生员工共同参与的民主决策机制、学校发展的自我约束机制、各项工作定期自我检查以及问责机制、学校内部的自我激励机制等的建设。

学校的制度建设包括首席教师制度、学术休假制度、教职员工的定期考核制度、学生评教制度等的建设。

学校教育教学与管理工作的评价

学校教育教学与管理工作的评价将集中在学校发展目标的评价、发展潜力与关键因素评价、学校发展过程的评价和学校发展成果评价上。

发展性教育质量保障不应该只是提供一套理念，它在ISO9000 的启示下，已经提出了一整套操作的方法和程序，相信它会对我国中小学教育质量保障提供有效的帮助。

附录 1 校长专业化与校长培训

——陈玉琨教授访谈

时　间：2005 年 7 月 22 日

地　点：教育部中学校长培训中心

主　题：校长专业化与校长培训

采访人：《教育发展研究》编辑部

陈老师，您好！很高兴您能在百忙之中安排时间接受我们的专访。

根据我们的调查，目前《教育发展研究》的读者中聚集了一大批中学校长。他们在关心和关注我们杂志所刊发文章的同时，也提出是不是可以有意识地加强有关校长培训和校长专业发展等方面经验和研究成果的介绍。于是，我们首先想到了您——教育部中学校长培训中心主任。今天，我们想请您结合您个人在中学校长培训方面的经验和积累，对当今校长专业发展以及校长培训应该和可能发挥的作用等问题发表一下您的看法。首先，我们想听听您对"校长专业化"这一提法的理解。

关于校长专业化的问题，我想，首先，校长是一种职业。如今的各种职业，根据专业化程度的不同大致可以划分为三种类型，即非专业的职业，如清洁工，不需要进行长期的专门训练就可以胜任的职业；准专业的职业，如文秘、护士，只需要一定程度的专门训练即可胜任的工作；专业化的职业，如医生、律师等，这些职业均需要长期的专门训练。我们强调校长专业化，实际上就是强调校长并不是什么人都可以当的，是需要经过长期的专门训练的。专业化是对校长职业的基本要求。现在有一种提法叫"校长职业化"，在我看来，"职业化"是对校长工作的贬低。

作为一名专业工作者，必然强调专业知识、专业技能，但这是非常狭义的理解。我认为，所谓专业化，是在理解专业意义的基础上，提升专业精神，提升自己的专业修养、专业道德、专业伦理，拓展专业知识，提高专业能力的过程。概而言之，专业发展是专业人士提升自己人生价值的过程，在此基础上造福人类、造福社会，是个人价值和社会贡献的结合和统一。

这其中包括三个层次的问题，第一个层次是校长的专业精神。什么是专业精神？现代校长的专业精神，是一种强烈的使命感、责任感，是一种立足教育，以自身工作促进学生发展、教师发展、学校发展，实现社会发展的使命追求。

对此，原上海市教委副主任张民生曾经提出校长要"识大势、明大事、成大师"，我认为概括得非常好。

作为一个校长要"识大势"，就是要了解社会发展趋势，了解社会对教育有什么需求，同时还要具备战略思维，只有这样才能把握住学校的发展，把握住教育的发展。

"明大事"，就是要明白自己应该做什么事情，不能只做一些鸡毛蒜皮的小事，这样的话是不会在学校发展的历史上留下什么足迹或脚印的。要用正确的教育观念和教育理念引领学校的发展。

在"识大势"、"明大事"的基础上，校长要"成大师"，成为大师级的人物，成为能引领中国基础教育发展的教育家。

我认为，当前中国最缺少的就是具有强烈使命感的校长。现在回过头来看校长培训，仅仅关注技术层面，仅仅关注校长专业知识层面，是远远不够的。校长培训首先就是要帮助校长提升专业精神。

第二个层次是作为校长的专业修养和专业伦理。所谓校长的专业修养、专业伦理，就是作为校长，应当以人为本，关注学生的成长，关注学生的终身发展。

现代校长应当有这样一个观念，就是"学生的成长而不是学生的成果是校长成功或学校成功的标志"。每年高考一结束，很多校长关注有多少学生上北大、清华，关注有多少学生上一本、上重点，说到底这是关注自己的政绩，这样的校长是短视的。关注学生的成长，应当关注学生在校期间的提高和变化，这与单纯关注学生的成果是不一样的。当然，关注了学生的成长，学生的成果也会出现。我们不是说要排斥成果、不要成果，只是强调这成果应该是学生发展的自然的结果，而不是我们追求的唯一目标。如果单纯追求学生的成果，过度关注成果，必然会导致一些错误举措的出现，如歧视教育上的弱势群体、学业上有困难的学生，也必然会有一些违反教育规律的现象发生，如学生学习过度，早上六点半到校、晚上十点半回家或就寝。如果关注学生的发展，就会关心学生的身心、态度、情感等各个方面的发展，包括非智力因素的发展、情感的发展。如果学生成长了、发展了，各方面都提高了，他的成果自然而然会产生。我不是反对关注成果，而是反对把成果作为教育的终极目标。

上面我讲的是校长专业修养的一个方面，另外还有一个方面也值得关注。我认为，把教师当作最宝贵的人力资源，这是一个历史性的进步，但是对一个现代校长来说还远远不够。因为人力资源理论在观念上还是把人当作一种资源，即把人当作工具而不是当作人，所以现在要强调构建以人为本的和谐社会。

所谓以人为本，就是把每个教师视为一个生命体，而每个教师都要在各自的岗位上实现自己的人生价值。教师在实现个人人生价值的同时实现社会价值，为社会培养人才，促进社会的发展。从这个意义上说，以人为本就要求校长尊重教师，尊重教师的生命，尊重教师作为人的尊严。

因此，我强调一所学校要创造教师共同的愿景，或叫"价值共同体"，实现每个教师个人价值与集体价值的结合。通过共同价值来引领教师的发展，促进教师成长，这一点至关重要。讲到底，校长要把教师当作人，而不是人力。这就是对人的生命和尊严的尊重。

第三个层次是校长的专业知识和专业能力。

所谓专业知识，是指作为校长，应该熟悉一门专门的学科，比如物理、化学，还要懂教育学、心理学、管理学、社会学，等等，应该有一个比较宽阔的知识面。但仅仅拥有知识是远远不够的，"没有知识是不行的，但有了知识也不一定能做好"。这就要求校长要具备一定的专业能力。

在我看来，校长的专业能力主要体现在五个方面。

第一是战略思维能力。即对社会发展态势的判断，对学校现状的判断，对教师、学生的判断，在此基础上确定和把握学校发展的走势。

第二是决策能力。即决定什么时候该做什么事情，包括确定学校发展目标、选择学校发展的战略措施，等等。

第三是组织领导能力。所谓校长的组织领导能力，就是校长要把自己的思想转化为教职工的行动。在这个过程中，校长作为一个组织领导者，很重要的一点是正确处理好民主和集中的关系。民主集中制是我国的基本制度，具有很大的优越性，但民主、集中是两个不同的方面。校长很容易强调集中，拍拍脑袋出个主意，效率很高。但往往存在很多问题，所以要特别注重民主。民主决策看起来是一个漫长的过程，不可能是5分钟的事情，可能是5个小时、5天、5个星期甚至5个月。但民主决策有它的优越性，这一优越性体现在三个方面。首先，民主决策可以避免决策失误，从而在根本上保证效率。其次，民主决策本身集思广益的过程，就是认识统一的过程，有了这一过程，实施就会更加顺利，更少阻力，可以提高实施效率。再次，民主决策的过程使教师感到自己是学校的主人，每个人的积极性、主动性和创造性可以得到最大程度的发挥，可以最大程度地提高效率。这样，决策过程就和组织领导过程结合起来，是在集中群众智慧的基础上，再把群众智慧变成教职员工的共同行为，这就是组织、就是引领。

第四是评价和诊断能力。评价和诊断，就是要善于发现问题。即使主意和决策再好，在实践中也会遇到情境的变化。社会发展的变化，也会产生各种各样的问题。所以一个校长要善于发现学校发展和提升过程中出现的各种新问题。

第五，尤其是就现代校长来说，要具备学习反思的能力。学习反思的能力是在发现问题的基础上，在实践基础上提炼，进行理性的思考。学校要成为学习型组织，校长首先要成为一个学习者。从这个意义上说，管理者就是学习者；管理过程就是学习过程。这个学习就是不断地进行反思，在对问题的不断反思过程中提升自己、提升学校。

如您前面所述，现代校长面临的一个重要问题就是专业化，而专业化包括了专业精神、专业伦理、专业知识和专业能力。那么，回过头来看现在的校长队伍和校长培训，和这样的要求相比，存在一些什么样的问题呢？

回过头来看现在的校长队伍和校长培训，与校长专业化应该具备的专业精神、专业伦理、专业知识和专业能力相比较，存在这样几个方面的问题。

第一个问题，过于注重专业知识，缺乏对校长能力的培养。有人认为短期培训不能培养校长的能力。我觉得关键问题是能不能意识到这些问题，能不能提出行之有效的培训方式。我觉得只要方法得当，培训是能够对校长能力，包括战略思维能力等的培养起到相当促进作用的。

第二个问题，与对校长专业知识和专业能力的关注相比，我们又缺乏对校长的专业精神和专业伦理的培训和关注。对一个校长来说，仅有专业知识和专业能力，是远远不能成为大师的，不能引领教育发展的。没有一种崇高的使命感，只满足于在一个不大的区域内出高考状元，那么这个校长的目光就是短浅的，他不可能办出一所真正的好学校。

第三个问题，现在的校长培训缺乏国际视野。中国的基础教育确有很好的基础，但仍存在很大问题，所以胡锦涛同志对素质教育特别作了批示。我想这些问题在很大程度上和我们的认识有关。现在特别强调校长培训的国际化。所谓国际化，就是要提升校长的国际视野和眼界。无论教育部也好，上海市也罢，都非常关注校长国际视野的拓展，准备组织部分校长到境外培训。强调境外培训，实质上是要造就一批具有国际视野的校长，从而造就一批具有国际竞争能力的学校。这里就提出一个问题，中国的基础教育，中国的中小学，有多少学校、有多大比例的学校是具有国际竞争能力的？具有国际竞争能力的学校究竟如何去打造？在我看来，要打造具有国际竞争能力的学校，首先校长要具有国际视野。如果校长没有国际视野的话，学校要具有国际竞争能力几乎是不可能的事情。因为它没有一种与别人竞争的目标。

您一再强调校长专业精神、专业伦理的培养，具体通过什么途径来实现？

就教育部中学校长培训中心来说，这些方面的培训，主要还是通过一些老校长的现身说法。这不是说一堂课可能解决的问题，我们主要通过老校长的精神来影响。课程安排中会有一些老校长的办学经验的介绍，以及校长之间的相互交流和互动式的研讨。

您刚刚提到校长培训的国际化问题，这可以说是目前我们的校长培训中迫切需要关注的方面。就目前情况看，我国校长培训的优势和差距主要表现在哪些方面？

具体来说，校长的国际视野、校长培训的国际化，对培训活动本身提出了要求。我们的培训模式究竟在国际上处于什么地位，我们的培训模式如何跟上国际潮流，我们的培训中心本身在国际上是不是具有竞争力、能不能办成具有国际水准的校长培训机构。这些问题随之而来。

我个人作为全国教育干部培训专家委员会的主任，对于培训的一些情况比较了解。比如说，我们现在具有国际一流的培训体系。这个培训体系是世界各国都没有的。我们有四个层次的培训体系，在政府主导下各尽其责，分工明确，相互合作。我们有三个国家级的培训基地：国家教育行政学院，负责教育行政干部和高校干部的培训；教育部中学校长培训中心，设在华东师大；教育部小学校长培训中心，设在北京师大。这三家国家级的教育干部培训基地，是直接受教育部领导的。在此基础上有各省的教育培训基地，主要任务是培训普通高中和完全高中的校长；有地区级的培训基地，主要任务是培训初中校长；还有县一级的教师进修学校，主要任务是培训小学校长。这四级培训机构分工非常明确，同时又相互协作。

作为国家级的培训基地，我们还承担着省、地区教师培训的任务。另外还有全国教育干部培训专家委员会、专业研究会，在协调全国的培训力量方面也发挥了很大作用。所以说，我们的校长培训体系是世界上独一无二，是强有力的，具有很大的优势。

但就国际比较而言，我们的培训模式还是比较传统的，主要还是以理论学习和专题报告为主；培训者就是讲授者，虽然也有考察等培训环节的安排，但总体来说仍然是以灌输为主要的培训方式。一流的校长不是灌输出来的，他需要自我反思。因此，如何建立一种互动式的培训模式，是我们需要研究和讨论的问题。

除了培训模式相对落后之外，现今校长培训的内容也比较落后。培训内容的落后体现在不仅远离国际上的前沿研究领域，而且还远离了中国教育改革的实践。我们一直说校长培训要以提升校长实施素质教育的能力为宗旨，这一点是非常明确的，但实际做法还是很有差距。比如对当前最值得关注的两个问题，在培训内容上还远远没有得到反映。一是未成年人的思想道德建设，包括大学生的政治思想道德建设。教育最重要的就是以德育为核心。任何一个国家在任何一个时期，其教育首先要解决"为谁培养人、培养什么人"的问题，这一点是不可动摇的。二是远离教育改革的实际，这包括基础教育的课程改革。课程改革现在正处于一个非常关键的时刻，校长培训能不能服务于基础教育课程改革，值得研究和探讨。就高等教育来说，高等教育培训现在都在讲人事制度改革、后勤制度改革。那么就高等教育来说，它究竟面临什么问题？我认为对高等学校来说，它面临的最重要的问题是学科建设，要通过提高学科的竞争能力来提升高校的竞争能力。基础教育关注基础教育课程改革，高等学校关注学科建设。但我们的培训恰恰是远离这样中心的、核心的内容。

另外，我们现在校长培训的手段仍然比较传统、比较落后。比如在教师培训方面，教育部师范司提出"人网、地网、天网"三网并进，在培训中大家也试图这样去做，但实践中好像还没有真正起步。

对于我国校长培训今后的改革走向您个人有什么想法？

说到校长培训今后的改革走向，我觉得在肯定成绩的基础上，必须对培训模式进行改革。具体有这样几个想法。

　　第一个想法，就是提供一种菜单式的培训课程。

　　第二个想法，就是构建学分积累的培训制度。比如说可以在北师大选修两门课，修两个学分，再到华东师大选修两个专题计两个学分，然后把五年间的学分累计起来，达到规定的要求即可，不一定完全在华东师大，也可以去其他学校。

　　第三个想法，是引进自学考试的培训方式，可以自学，如政策法规、微机处理等课程，自学之后参加相应的考试获得相应的学分，鼓励在岗自学。

　　第四个想法，就是多采用信息网络、数字化的培训手段。

　　第五个想法，就是进一步加强和推进海外培训这样一种培训方式和培训途径。现在教育部和各省地教育部门都看到了这个问题的重要性，都把海外培训看作是造就一批具有国际视野、国际眼光的校长的重要途径。

　　现在社会上有很多培训机构、培训公司，与教育的关系并不大，但也开始开设一些校长培训课程，对此您作何评价？

　　培训是个大市场，所以很多社会机构都想来分割这块大蛋糕，组织了很多商业化的、以盈利为目的的培训活动，比如，找一个旅游胜地，聘请几个名人，借一个宾馆，一个所谓校长培训班就办起来了。这严重损害了校长与学校的利益，扰乱了培训的秩序。

当然，从培训走向来说，现在是一个开放的社会，并不是说中学校长培训只有我们中学校长培训中心可以做，其他机构如大学，包括民营的教育培训咨询公司也可以做。但要逐步确立一种培训准入制度作为保障。任何机构要开展相应的培训活动，都需要具备一定的条件。要申报，要经过资格认证，即准入。从行政部门来说，虽然没办法干预培训机构的培训，但可以通过学分认可的方式来控制。就像没有经过国家批准的高校，其颁发的文凭就得不到承认一样。

培训机构的资格认证和准入制度的确是保障校长培训质量的重要举措，但在执行过程中，可能有些地方或者出于地方利益保护或者出于其他考虑做得并不很得力。对此您是怎么看的？

是的，这种现象肯定会存在，因为其中有个人利益的问题。比如说，给教育局长写个人物专访，作为交换条件你帮我招300个校长过来。说起来是名正言顺的，没拿一分回扣，但条件是局长在杂志封面上露露面。当然更有甚者，就是直接拿回扣，如根据人数给10%～20%的回扣等。这样的事情是没办法的，是权力和利益的交易。所以事前的市场准入制度和后期的质量监控、认证制度，即培训的质量保障体系的建立非常重要。

最后一个也许是不该问的问题。现在校长都很忙，几乎可以说是忙得不可开交。这种情况下，他们参加培训会不会有一些比较功利的动机?

什么叫"功利"? 如果校长培训做不到有利于校长的专业发展、有利于学校的教育改革,这种校长培训还有什么意义! 我建议对这种培训,校长还是不参加为好,免得浪费时间。当然,现在我们有持证上岗的制度,没有资格证书是不能走上校长岗位的。因此,拿到培训证书,是校长来参加培训的一个最基本的动力。正是为了保障校长的利益,我们才提出校长培训的自主选学的措施,这一措施从本质上来说,就是保证让校长学有所获。

(本文原载《教育发展研究》2005年第9期)

附录2 教育要让学生满意
——访教育管理和教育评价专家陈玉琨教授

哪里有教育活动，哪里就需要教育评价。在新课改的大背景下，如何对学生、教师、学校进行正确的评价，是很多教育工作者感到困惑的问题。近日，记者就教育评价方面的问题专访了教育评价和教育管理专家陈玉琨教授。

"学生评教"天经地义

记者（以下简称"记"）：随着新的教育理念的进一步深入，评价教师的方式也日趋多元化，最近一些学校就出台了"学生评教"的措施，在上海更是出现了博士生炒导师的事情。对于这种现象，您怎么看？

陈玉琨（以下简称"陈"）：通过开展学生评教提高教育教学质量，根据学生评教的结果决定教师的去留，是国际上通行的做法。开展学生评教体现了以学生发展为本的教育理念，有助于建立新型的师生关系，教师会更关心学生，学生也会更尊重教师；同时，学生评教的过程也就是对于教育教学中存在的问题的诊断过程，有助于学校领导和教师本人了解教学水平和教学态度。但由于开展学生评教工作费时费力，在教师中间遇到的阻力也不小，目前坚持下来的学校不是很多。

我们提出要办让人民满意、使人民受益的教育。教育要让人民满意，首先要让学生满意。学生炒导师，是一种迫不得已的做法，教师本身的师德修养和专业素质不能让学生满意，当然会被炒掉，我认为这是天经地义的事情。

20世纪80年代，北师大、华东师大都曾就学生评教问题开展过研究，结果发现，与领导评教、同行评教相比，学生评教总体而言是最可靠、最公正、最有价值的，基本上不受各种人际关系的影响。因此问题不是学生能不能评价教师，关键是采取怎样的态度、运用怎样的形式。至于学生评教是否科学，责任不在学生，关键在于评价组织者如何建立科学评价体系，针对学生的年龄特点制定不同的问题，引导学生进行正确、客观的评价。

记：新课程倡导建立教师、学生、家长和管理者共同参与的教师评价制度，这样的评价看起来很客观公正，但会不会出现表面热闹、而实际上却流于形式的情况？

陈：这个问题很重要，现在有些学校已经有这种不好的倾向了。评价老师有领导评价、学生评价、教师互评，但最后决定权还是在校长手里，这样的评价就是流于形式的，我甚至认为这样是对学生的愚弄。

对于教师评价，有两个方面的标准，一个是学生满意不满意，一个是有多少学生最终能实现自己的理想。

记：我们要打破唯"学生学业成绩"论教师工作业绩的传统做法，那么校长应如何来评价教师的工作业绩？

陈：我们现在推出成长记录，把学生发展过程中的提升和进步记录在案，再通过它来评价教师的工作，这是途径之一。它是从西方引进的，确实不错，我很赞同这种做法。

从国情出发，还得关注学生的升学。升学很重要，在中国无法回避。追求升学率是社会进步文明的表现，追求升学本身没有错，它是社会的需要，人民的需要。办好人民满意的教育，就是满足人民的需要。学校教育质量高不高，升学率也是一个指标。我们反对的是片面追求升学率，而把学生人格的完善、思维的发展这些更为重要的方面抛开的做法。

先做强，再做大

记：相对于教师们的困惑，校长们也有苦衷。学生要全面发展，不能只盯着"升学率"，可学生成绩一旦下降，家长就会不依不饶，校长甚至会因此而"下课"。很多校长对此很头疼。

陈：现在新课程改革强调培养学生的探究能力，强调研究性学习，实际上这和升学率提高是不矛盾的。我们在10多所学校作过调查研究，学生研究能力、学习兴趣和团队意识的提高，同时也提升了升学竞争的能力。上海七宝中学、江苏太仓高级中学和厦门英才学校等学校的研究结果证明，这样做利大于弊，弊在于研究性学习必然会占用一些时间，但一些以前学习上比较弱的学生会在研究性学习中发现自己的优势，学习兴趣也会提高，这有利于他们的进步。

记：由于学校之间的竞争越来越激烈，校长们还得时时想着学校的发展，专业化减弱，经营性增强。对于"经营性校长"，您怎么看？如何评价一个校长是否优秀？

陈：在市场经济条件下，校长需要有很强的管理能力，管理能力中很重要的就是经营能力。经营性校长是一个褒义词，不是贬义词。如何经营？贷款。可贷款常常留下一个无穷的隐患。我觉得校长经营能力最重要的体现是把学校的无形资产经营好，也就是不断地提升学校的品牌、学校的品位，先做强，再做大。做大的前提是做强，要把质量和数量的关系处理好。要增加学校的有形资产，首先必须经营好学校的无形资产。但如果先做大，再做强，就是走入歧途了。

一个优秀的校长要走专业化之路，首先要有专业精神，要认清学校的发展走向，认清历史发展的轨迹，在学校发展过程中留下自己的脚印，要有历史使命感和责任感。这个很重要。其次要提高自己的专业修养即职业道德。校长既是学校的法人代表，同时又是自然人，要懂得如何约束自己。第三，校长要提高自己的管理能力，提高专业知识和专业技能。

记：现在很多学校都在应用"发展性学校教育质量保障体系"，您为何推出这样一套适合我们中小学学校的评价与保障的理论与实践模式？当初您是如何考虑的？

陈：不管是基础教育还是高等教育，它的发展都需要有一个质量评估和监控的系统。不管是欧洲、澳大利亚还是美国，都在做这样的事情。我们中国，尤其是北京，很多学校引入 ISO9000。针对这个情况，我提出了一个观点：ISO9000 质量认证制度不适合于中小学教育。因为 ISO9000 是管理标准，它强调统一、标准化，而中小学教育强调个性化、多样化。在这一点上，两者差距很大。两者本质的不同决定了中小学引进 ISO9000 会有很多弊端和问题。教育是促进人的自由而全面发展的社会活动，个性与多样性是教育活动的生命所在。强调统一、标准化会压抑学生个性的发展，这是很可怕的。

我们借鉴了 ISO9000 的一些长处，提出了针对中国的中小学教育的"发展性学校教育质量保障体系"（简称QASD）。它是针对我国学校的实际情况，总结十几年来我国学校管理的经验，分析了 1000 多所学校发展的案例，在实践调查的基础上，吸收国际教育评价发展的最新成果，经过 10 多年时间的努力，自主开发出来的。

记：它的核心内容是什么？对校长会有什么样的帮助？

陈：主要有下述几方面的工作。学校质量文化的建设，包括校园精神、人际氛围和学术环境的建设；学校管理机制与规章制度建设，前者包括预警机制、民主决策机制、自我约束机制、各项工作定期自我检查以及问责机制、学校内部的自我激励机制的建设，后者包括教学反思制度、骨干教师制度、教职员工定期考核制度、学生评教制度的建设，等等。

学校的教育质量保障体系以对各项工作的诊断与评价为手段，为学校教育教学和管理工作提供反馈信息，其中特别关注这几个方面：学校发展目标、学校发展潜力与关键因素、学校发展过程、学校发展成果。

QASD 从 1999 年进入学校试点阶段，先后在近 200所不同学校进行了试点，取得了显著成效。对此我有一个形象的比喻：我们帮学校找了一个高级诊断师。

要创造让学生满意的教育

记：学生评价是教育评价的核心所在。我们现在强调要淡化评价的选拔功能，重视教育的过程和学生的全面发展，可最终它难以避开中考和高考。应如何对学生进行综合评价？

陈：教育的目的就是培养人，我不敢说学生评价是教育评价的核心，但起码是最基本的环节之一。研究学生的评价，从世界范围来看，大概有五个方面的趋势。

第一是教育评价目的的转变，评价的根本目的在于促进学生发展。从选拔最好的学生到为学生创造最好的教育，由分等鉴定走向为学生成长发展提供建议。评价的功能就是诊断教育问题，提出方法来解决它，促进师生不断进步，实现自身价值。

第二个趋势，以前我们只关注学生结果，现在也关注结果，但更关注学生的发展过程。不关注过程，没法了解学生的成长。

第三个趋势，从只关注学生的基本知识、基本技能走向更关注学生全面素质的发展，尤其是创新、探究、合作与实践等能力的发展，以适应人才发展多样化的要求。这个有难度，对老师压力会更大。

第四个趋势，以前我们认为任何评价，特别是理科课堂教学评价和感情无关，和态度无关，只是认知，现在把认知和情感两者结合起来了。比如数学就很美，不仅形式很美，内容也充满着美，对提升学生审美情趣有重要帮助。我们现在的中考高考关注了这些，但我觉得做得还不够。

第五个趋势，评价由一元走向多元化，我认为这是历史性的进步。庐山横看成岭侧成峰，都是可以的。世界本来是多元的，我们要用多元的视角去看待它。

要改变我们的评价体系，正需要从这五个方面去努力。

记：随着新课改的推进，有些老师盲从激励性评价，对学生连批评都不要了。您怎么看这个问题？

陈：我认为学生评价要以鼓励为主，学生需要成功感，这样可以提高学生的自信心。但任何事情都有一个"为主"，而不是全部。在实际的教育教学活动中，要针对具体的问题提出一些建议、忠告，甚至是批评，教师不能放弃这个。我们现在有些不好的倾向，总是走向极端，要么全面肯定，要么全面否定，这样不好。其实教育是一门艺术，就是度的把握，该表扬的时候不要怜惜表扬，该批评的时候也要有适当的批评。

学校是各种意见的平衡体

记：我们常说，"以评促教"、"以评促学"。教育评价的重要性不言而喻。可在现实中，人们对教育评价结果的认同感并不高。您认为我们整个社会应树立一种什么观念？

陈：这个问题我从三个方面来说。首先是政府。对于学校来说，它得对教育行政部门负责，教育行政部门得对政府负责。学校的压力更多的是来自于上层，给学校最大压力的是政府。政府要改变急功近利、短视浮躁的心态，平淡地、长远地看待教育问题。培养学生的创新能力、实践能力不是一两年的事，而是一条漫长的路，要经过几年，甚至几十年的努力。政府要有耐心。

其次是社会评价。我们家长总说清华北大好，其实你的孩子上了别的大学，毕业了不比清华北大的毕业生干得差，也蛮好的。不要只盯着那些最好的。

去年我去北欧，感触很深。我们要顺应自然，顺应学生强势智能的发展。哈佛大学加德纳教授提出了"多元智能理论"，有的人适合于艺术或体育，有的人适合于数理逻辑，每个人都是可以优秀的，优秀是多元的，社会上要宣传这种观念。

第三个层面，在政府和社会的压力之下，学生要有应付挑战的能力。对自己的认识很重要，要有自信心。我们的教育培养的人依赖性太强，缺乏独立思考，缺乏自信。我们要提高他独立思考的能力。

记：您为何不提学校层面？

陈：学校、校长是一个把政府、社会、家长和学生的各种意见综合在一起的平衡体，平衡是一种艺术。平衡是对社会负责的表现，是学校取得成功的标志之一。在各种矛盾交织中寻求最好的平衡点，让政府接受，家长满意，学生不反对，是学校生存与发展的重要基础。谁也不能否认这一事实。当然学校的发展更要注意满足社会的客观需要、学校的客观基础、办学的客观条件和教育的客观规律。能遵循这些客观规律办学的校长才是最优秀的校长。然而，要成为最优秀的校长是有相当难度的。

（本文原载《现代教育报》2004 年 6 月 25 日）

附录3 "教育拒绝平庸"
——陈玉琨教授谈一流学校建设

"教育是充满智慧的事业"

记者（以下简称"记"）：党的十六大提出要建设学习型社会。对各级各类学校来说，建立学习型组织就具有十分重要的意义。那么，学习型组织的基本特征是什么？

陈玉琨（以下简称"陈"）：学习型组织应具备的特征，一是始终以强烈的危机意识作为学习的动机；二是始终以解决问题为学习的根本；三是始终以组织的变革、手段的创新为目标。学校应该也必须成为学习型组织。

记：党的十六大对我国的教育方针作了新的阐释，教育的功能除了为社会主义现代化建设服务外，还应为人民服务。这对我们的教育改革提出了什么样的要求？

陈：党的十六大关于我国教育方针的新阐述，正体现了教育管理目标从一元走向多元的趋势。20世纪80年代以来，世界范围的教育产生了深刻的变革，除了前面提到的一点外，当代教育管理的走向还包括如下三点：一是管理重心从外控管理走向校本管理；二是管理过程从知识应用走向学习发展；三是管理手段从物的管理走向文化管理。在我看来，教育是充满智慧的事业，它需要教师充分实现自己的人生价值，所以，我们更强调现代管理要依靠一种关注道德的文化，在学校形成价值共同体，以此来引领学校的发展，从而促进教育质量的提高。

"现代学校应是自主发展的学校"

记：从世界教育管理发展趋势看，现代学校应是怎样的学校，现代学校制度应是怎样的制度？

陈：简单地说，现代学校应是自主发展的学校，现代学校制度应是一种自主发展的制度。自主发展有三个核心：一是自主定位，即学校要根据变革的社会去及时了解社会对教育事业的新要求，从而确定学生的培养目标和学校的发展目标。自主定位是建立现代学校制度的第一要求。二是自我资源，包括人力资源、物力资源的调配。没有资源的保证,自我的目标定位是空洞的、无法实现的。三是自我约束。自我约束与自我发展是一对矛盾,但却是相辅相成的。

记:现代学校制度具体包括哪些层面的内容,您能具体谈谈吗?

陈:具体说,现代学校制度包括学校的自主发展、学生的自主发展和教师的自主发展等各个层面的内容。学校的自主发展包括:外延发展,指优质教育资源的扩大;内涵发展,指自主发展的体制与机制的建立。所谓学校发展,我们可以用数量的扩张、条件的改善、队伍的建设、适应性的增强、结构的优化、质量效益的提高六个方面加以概括。

"学生的自主发展是现代学校的要义之一"

记:学生的自主发展,始终是我们提得最多但做得较少的。您认为现代学校应怎样促进学生自主发展,促进学生成材?

陈:学生自主发展的目标,应是促进学生各得其所、各展其长地得到发展,关键是促进学生的强势智慧得到充分的发展。可以说,发展学生的强势智慧,提高学生的自信,在某种程度上是教育成功的一个保证。我们常说"失败是成功之母",我觉得这句话值得商榷。我认为失败不可能导致成功,成功才是成功之母。只有对失败的教训进行深刻的反思，才能为成功提供可能性。可以肯定，学生的自信是其成功的基础和保障；成功的教育必须激励学生的自信；而激励学生自信的重要条件是让学生的强势智慧和特长、特点、兴趣、爱好得到充分的发展。我们的教育就是要促使学生不断地由一个成功走向另一个成功，从小的成功走向大的成功。

记：在学生的自主发展中，学校首先应当做些什么工作？

陈教授：学校必须做的，就是给每个学生以发展的自主权。不同的个体有不同的需要。满足一切学生的需要，意味着满足每一个学生的需要。满足每个学生的不同需要，让每个学生都取得成功，是学校、校长和全体教职员工的职责。甚至我提出，要给每一个学生以特权。每个学生有每个学生生长、发展的特殊要求，满足这个特殊要求，就是满足学生的特权。当然这必须从学校力所能及的条件出发。

"教育呼唤教师的创造"

记：您认为在新的形势下，教师的自主发展，其内涵是什么？

陈：学校的自主发展也要依赖于教师的自主发展，这是教育事业的本质特征所决定的。我曾反复强调：教育是充满智慧的事业，它无时不在呼唤着教师的创造。学校是教师实现人生价值的场所，是他们展示才能的舞台。教师的任务是根据学生的特点以及教育目标和教学内容的不同，创造性地进行工作；校长的任务是为教师人生价值的实现提供一个最宽阔、最有利于他们发挥才能的舞台。作为教师来说，首要的是观念的提升。这看似空洞的说教，其实不然。应该认识到，这是极其重要的一点。对全国教师的一个调查分析结果表明：学科教师普遍忠诚于自己的学科。这当然是需要的，但我认为教师最根本的还是应忠诚于教育，忠诚于学生，忠诚于学生的自主发展。我们常说，一流的教师是教人的，二流的教师是教书的，三流的教师既不会教人也不会教书。这就是观念差异的具体体现。所以，我们一定要促进教师走出"以对学科的忠诚代替对教育的忠诚"的误区。必须清楚，对学生的自主发展负责，就是对教育的忠诚。教师不应只是教书匠。年复一年地重复自己的一份教案，这样会被时代所淘汰，无法取得成功。唯有创造，才是实现教师人生价值的阶梯。

"平庸不属于教育"

记：教育必须为社会主义现代化建设服务，为人民群众服务。对各级各类学校来说，应如何实现这一目标？

陈：要办令社会满意、令人民群众满意的教育，就必须建设一流的学校。这有赖于全社会对教育事业的关心，有赖于党和政府对教育工作的支持，更有赖于广大校长、教师、教育工作者的不懈努力。应当清楚地认识到：平庸不属于教育，每一所学校都可能、也可以办出特色，办成一流学校。我们必须有这种自信。

记：那么一流学校的建设，其关键在哪里？

陈：根据当代教育管理改革的趋势和走向，一流学校的建设关键在于一流学校的文化建设，其中也包含着现代学校管理机制与制度的建设。这是一所学校稳步发展、可持续发展的基础。

记：那就是说，建设一流的学校，首先要从建设一流的文化开始。

陈：是的。校园文化是教职员工创造出来的，然后又成为改造人的力量。一流的学校必须要有一流的校园文化。校园文化包括物质文化和精神文化。我认为，校园的精神文化至少包含以下校园精神：一是崇尚卓越、追求一流、拒绝平庸的拼搏精神；二是实事求是、解放思想、与时俱进的科学精神；三是不畏权威、不唯书本、不贪名利的求实精神；四是学会为他人鼓掌、为同行鼓掌、为反对过自己的人鼓掌的团队精神。

记：校园精神文化是否集中体现在学校的"三风"上？

陈：是的。校园精神文化是内在的东西，它的外在表现是一个学校的校风。值得注意的是，人通常所说的"三风"是指校风、教风、学风，这是不确切的。严格地说，校风是"三风"的总称，"三风"应是管理者的作风以及教风、学风。其中作为管理者的校长的工作作风，其影响是最大的。

"'更好'才是永恒的追求"

记：从可持续发展的角度来说，一流学校的建设应围绕哪些方面开展工作？

陈：从学校的可持续发展、稳步发展的角度来说，一流学校的建设必须围绕学校质量文化的建设，围绕管理机制和制度的完善，围绕学校发展过程的评价和诊断，采取一些行之有效的措施，从而更好地提升教育质量。

记：我们注意到，您对中小学加入 ISO9000 质量认证持不同的见解，请您简要介绍一下好吗？

陈：是的，在中小学纷纷引进质量认证的问题上，我有不同的看法。ISO9000 是国际标准组织的一套质量认证体系。我认为在质量认证方面，ISO9000 中小学不宜。我的理由是：ISO9000 与我们的中小学教育存在着标准化与多样化、承诺与持续改进、客户至上与学生发展为本、文本与人本四个方面的对立和冲突，它的引入会混淆我们中小学教育对许多关键问题的认识，可能会导致教育的混乱。ISO9000 的目标是促进产品的标准化，而我们的教育是个体社会化的过程，必须考虑国家的需要，考虑民族发展的需要。中小学办学的多样化正是中小学教育的生命所在、魅力所在。当然，作为国际认可的成熟的管理手段和方法，它对我们建设一流学校、促进管理水平的提升，具有一定的启示意义，这主要表现在体制性，即与日常工作紧密结合；内生性，即内外结合，以外促内；以及全员性和可操作性上。因此，我们提出了发展性教育质量保障的理念。

记：请您介绍一下发展性教育质量保障的概念和理念。

陈：发展性教育质量保障以学校教育的发展为保障对象，以一定的质量文化为基础，以不断完善学校的发展机制和管理制度为途径，根据变动着的社会需要，来调整学校的发展目标，经常性地诊断学校在发展过程中的关键因素，持续地关心学校发展的过程，以保障学校教育的稳步发展。发展性教育质量保障的基本理念是：一、"最好"只是一时的标志，"更好"才是永恒的追求；二、教育对可持续发展的贡献与教育的可持续发展；三、教育的发展需要外部的支持，更要靠自身的努力。

记：您认为在一流学校的管理机制和制度的完善方面，学校的当务之急是什么？

陈：发展性教育质量保障机制与制度的建设，是学校可持续发展、稳步发展的基础性工作。要建设一流的学校，必须建立起预警机制、民主决策机制、约束机制和激励机制，这是毫无疑问的。

"有实力才能有魅力"

记：建设一流的学校，应当如何去发现学校发展的潜力，进而去挖掘这种潜力？

陈：任何学校的资源都是有限的，任何人的精力都是有限的，我们必须抓住影响学校发展的关键因素、抓住薄弱环节，加以评价和诊断。基础教育的目标定位至关重要。在有些地区的农村教育中，学生的辍学率居高不下，原因在哪里？调查表明：关键是我们的教育没有教给学生发家致富的知识和本领，没有培养学生生存、生活的能力。我们的教育考虑了农民及其子女了吗？我们的教育参照系到底在哪里？在这一点上，我认为，课程、课堂远离学生的成长，是学生远离课堂的重要原因之一。关于学校发展的潜力，我认为主要关乎教师队伍的建设、争取社会支持的能力、校园文化氛围的创建、办学条件的提升、联系实际的教科研、课程与培养模式六个方面。我想重点提示的，一是学校争取社会支持的能力。我认为，社会的支持不应仅仅是财力、物力上的支持，这固然非常重要，但更重要的是社会智力的支持与社会舆论的支持。"有实力才能有魅力"，"有作为才能有定位"，学校必须通过自身的实力和作为，去吸引社会的关注、政府的支持，这样才能走上良性循环的发展之路。二是学校的教科研能力。教育科研是解放教育生产力的重要手段，向教科研要质量是对的，但教学和科研毕竟是两回事，这里存在资源、精力等方面的矛盾，人人搞科研是不现实的。只有源于教改，才能促进教改；只有把教科研与教学有机结合起来，才能真正提升教育质量。

记：陈教授，感谢您在百忙之中接受我们的采访。

（本文原载《山西教育》2004 年第 2 期）

图书在版编目（CIP）数据

一流学校的建设：陈玉琨教育讲演录/陈玉琨著. —上海：
华东师范大学出版社，2007.12

ISBN 978-7-5617-5794-9

Ⅰ．一...　　Ⅱ．陈...　　Ⅲ．教育一文集　Ⅳ. G4—53

中国版本图书馆 CIP 数据核字（2007）第 198000 号

大夏书系·教育讲演录

一流学校的建设
——陈玉琨教育讲演录

著　　者	陈玉琨
项目编辑	吴法源　林茶居
装帧设计	回归线视觉传达
责任印制	殷艳红

出版发行　华东师范大学出版社
社　　址　上海市中山北路 3663 号　邮编 200062
电话总机　021 - 62450163
网　　址　www.ecnupress.com.cn

印 刷 者　北京密兴印刷有限公司
开　　本　700×1000　16 开
印　　张　14
插　　页　2
字　　数　140 千字
版　　次　2008 年 8 月第一版
印　　次　2020 年 9 月 第十次
印　　数　31101－33100
书　　号　ISBN 978-7-5617-5794-9/G·3359
定　　价　29.80 元

出 版 人　朱杰人

（如发现本版图书有印订质量问题，请寄回本社市场部调换或电话 021-62865537 联系）